UNREAD

世界尽头的

小小书店

The Bookseller

at the End of the World

[新西兰] 露丝·肖 —— 著

郭澍 —— 译

北京联合出版公司

Beijing United Publishing Co.,Ltd.

给我了不起的妈妈，弗蕾达（1925 年 11 月—1972 年 6 月），以及我不可思议的丈夫，兰斯——我一生的唯一挚爱。

目 录

两间小小书店和雅居（最左）。

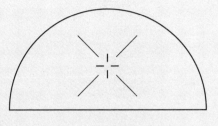

- Chapter 1 -

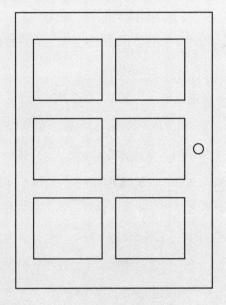

第一章

两间小小书店

在马纳普里湖对面，山坡路和家街的转角处，坐落着两间漆成鲜艳的五颜六色的小小书店。书店周围植物和奇珍异宝环绕，一两只书店宠物在房前屋后嬉闹奔跑。

　　每年9月末至第二年4月中旬，我都是一大早就打开两间书店的门，天天如此，周末也不例外。我那辆1961年产的绿色菲亚特500停在山坡路和南岛观光公路转角处，十分显眼，上面有广告语"新西兰最小书店"。我把"营业中"的牌子挂在家街那一侧的转角，接着把各式桌子和漆上鲜艳色彩的旧书桌摆好，再在上面放上各种各样的书。我在黑板上写下："营业中，如果我不在，请用力摇铃。"一个船用铃铛挂在门上，我在我们这座树荫掩映的大院里的任何一个角落都能听到它的声音。

　　七十岁时，我决定开这两间书店，当成退休后的"休闲"。大约三十年前，我开过我的第一家书店，那是我和丈夫兰斯经营的一个名为"峡湾生态假日"的游船经营项目的一部分。

　　书店一般吸引爱书之人，但是我的两间小小书店对每一个路过的旅人来说都是一座灯塔。可能是因为鲜艳的色彩，或是稍显破败的门窗，又或许是因为它们属实太小了。来自布达佩斯的蒂博尔，在开车路过这一片小屋时偶然瞥见我挂在转角的牌子上的"书店"二字，立马掉头回来，最后在我的花园小筑小住了一个月。他是一名男护士，正度过漫长的假期，就住在他的旧旅行车里。他在我们周围的小树林里干活，赚些食宿费。他爱书，会花上很多时间坐在书店里读书，也会和我的顾客聊天。我有事出门时，他会替我照看书店，还成功卖出去了许多书。他走的时候——那是一个多么泪水涟涟的时刻啊，他不想离开，我们也都依依不舍。

后来我们迎来了詹娜，一个年轻的德国女孩。她走进书店，坐在椅子上就开始哭，用一张已经湿透的纸巾擤着鼻涕。我拥住她，把她搂在我身边，她哭个不停。她告诉我，她的一段关系刚刚结束。我把她引进里屋内，兰斯照看着店面——他一如既往地如此善解人意，一副菩萨心肠。他是书店的私人顾问，整个白天都是服务员，要端上无数杯茶和咖啡。兰斯还是我的勤杂工，是我的"万金油"，我只需要说一声"快来搭把手"就能马上来帮忙的那个人。他每天早上都帮我开张、布置。詹娜和我们一起待了一个星期。

还有从波兰来的莉莉。她太想家了，只想说说话——天哪，这个话匣子！我已经认识了她全家人，一路追溯到她的祖父母那一辈，以及她在哪儿上的学，她都到过新西兰哪些地方旅游……在这如此密集且主要是她单方面输出的"对话"接近尾声时，她告诉我她的感情刚刚告吹。

澳大利亚的亚当来了。他看起来大约二十一岁，一个无拘无束的家伙，脸上挂着放肆的笑容。他在米尔福德湾工作，有几天假期。

"只是想知道该怎么读一本书。"他说道。

我从来没听人这么说过，不过我想假如有一个人应该知道如何阅读一本书，那这个人应该是卖书的。

"你对什么感兴趣呢，亚当？"我问道。

"倒也没什么。不过，我确实喜欢研究研究大麻。"

他的坦率有点令我吃惊——他都不认识我。然后我从一个陌生人的角度想了想我的外表。我穿着我标志性的印度棉宽松裤子和及膝的束腰外衣，头戴一顶五颜六色的帽子。我明白他的意图了。

"我有一本书正是为你量身打造的。"我说，"等着，在我的私人书房，其实它是不卖的。"

《博戈尔》（*Bogor*），伯顿·西尔弗（Burton Silver）的作品，出版于 1980 年。这是一本连环漫画，讲述了一个叫作博戈尔的孤独樵夫和一只种植大麻的刺猬之间的友谊。刺猬的食物是那些博戈尔养在种植园里以大麻为食的蜗牛。这部漫画从 1973 年至 1995 年在新西兰的《倾听者》杂志连载，成为新西兰发行时间最长的系列漫画。我们当时都爱上了《博戈尔》，它在那个时代简直太具有创新性了。《博戈尔》后来立马结集成册出了书，如今这本书已经成了收藏品。

我拿着书回到店里，给亚当讲了樵夫博戈尔和以嗑了大麻的蜗牛为食的刺猬之间的友情故事。"你会爱上它的。这本书简单易读。我保证，你一读起来就停不下来！"

亚当确实开始读了。他把书还回来时，告诉我他上了"买我"网（Trade Me），想找一本来自己收藏。

一天，一个叫阿兰的男人来到书店。他默默地坐在门口的台阶上，弓着背，头几乎要埋到膝盖上了。

"你要不进来坐坐？"我对他说，"我把门锁上，你可以单独待一会儿。"

"不用了，我不想你这么做。"他说。不过他还是站起来，走进了店里。我赶忙出去把"营业中"的牌子翻过去，擦了黑板，关上门。我们安安静静地坐了几分钟，最后还是我做了自我介绍。我瞥了他一眼，他在哭。

我们的家就在书店隔壁，于是我跑回去让兰斯做两杯咖啡端到店里来。这个要求是我在忙碌时会频繁提出的，通常这时候店里已经拥挤不堪，店外还有客人等着进来。店里只要超过五个客人就挤得转不开身了！兰斯一边给等在外面的人讲着他的人生故事，一边泡着茶和咖啡。幸好他也是个读书的人，所以如果需要，他也很乐于谈论书。

咖啡来得正是时候：一杯只加了奶，另一杯加了奶和糖。兰斯猜对了——阿兰要加奶加糖的。

"多谢，露丝。"阿兰说，"我想我来对了——只不过我其实不看书。"

"许多不看书的人都来这儿。"

"是这里的五颜六色和门口挂着的铃铛吸引我的。我是个消防员，从新南威尔士来的，上面命令我度假。于是我就到这儿了。"他叹了口气，抬头看着我，"你是不是觉得我抛弃了我的同事？我确实抛弃了他们。他们还在那儿（工作）呢。不管走到哪里，我都能闻到烟味儿。"那年澳大利亚的那几场野火太可怕了，在马纳普里，新西兰南岛最南端这边，我们都能闻到烟味儿，天空都被照得红彤彤的。

我们聊了有一个多小时。他经历的那些恐怖时刻，以及他不得不回去继续面对那些恐怖，都让我想哭。

最后他站起来，把他的杯子放在小桌上，从纸巾盒里抽了一张纸巾——那是我为备不时之需放在那里的——擤起了鼻涕。"谢谢你，露丝。你正是一个疲惫不堪的老消防员需要的！"

我抱了抱他，抬起头——因为他比我高太多了——微笑地看着他。我知道他第二天就要离开，要踏上开普勒步道了。"试试看闻闻森林的气息吧。"我说道，"呼吸一下山里的空气，想想回去后你就愿意和同事们一起继续工作了。我有一本小书送给你。"我递给他一本《毛茸茸的逻辑：一本应对生活中的小挑战的指南》（*Furry Logic: A Guide to Life's Little Challenges*）。"这本书会让你会心一笑的，甚至可能哈哈大笑。"

阿兰咧开嘴笑了。我打开门，等他快走到往湖那边的转角处时，才又把"营业中"的牌子翻过来。

有时候，我送出去的书比卖的还要多，这是退休且没有赚钱压力的生活中的一桩乐事。恰如其分地赠送一本好书远比做成一笔买卖要令人满足得多。

两间书店中较小的那一间是给孩子们的。它藏在一道篱笆后面，只露着前面的门脸，红色的店门只有一米多高一点儿。

孩子们在这间童书店进进出出。他们往往坐着读书，怀里还抱着一只毛绒玩具——这些毛绒玩具在书架底层排排坐好，等待着被哪双小小慧眼相中。孩子们读书时，父母或（外）祖父母也会找一本他们童年时光读过的书，任思绪在回忆中漫游。

我还设了一个借书角。疫情前的日子里，我让孩子们带一本书回家过夜，还附带一个毛绒玩具，每个玩具都有名字，是第一个借走它的孩子取的。玩具还回来后，我会把它们清洗干净，挂在外面晾干。我的晾衣绳上总是挂满了毛茸茸的动物玩偶，不是吊着耳朵，就是吊着尾巴。它们中有叫糖糖和小枫的，是一对小熊双胞胎；有叫小雪麦克穆里的，是一只白色的长毛猫；一只小猫叫莫宁顿；一只骆驼叫驼驼；还有一只叫月月的黄鸭，一只叫蹦蹦的兔子。

白色的小羊义普在外面玩了两个晚上没回家，回来时有点湿湿的，身上沾满了泥土和青草。

"哇！看起来义普这个假期玩得很尽兴！"我说道。

"我夜里把她放到羊圈里和其他羊一起，所以她没有感觉到孤独。"

"好主意！我敢说她一定很喜欢。"

义普现在回到书架上了，洗过澡后，她又浑身雪白。

来马纳普里爷爷奶奶家度假的塔玛经常造访儿童书店。他非常严肃，极其深沉，而且总是很有趣。他拿了吼吼，一只鼓鼓囊囊的毛绒小狮子，要带回去过夜。他离店前，我跟他解释说，吼吼被我放进洗衣机里洗了，所以他的吼声不像是狮子吼，倒更像是一个慢慢沉到水里的人发出的声音。

塔玛笑了笑，说："没关系的。"

第二天，塔玛把吼吼还回来时，看着我的眼睛说："我觉得你对吼吼太严苛了，他的吼声没那么糟糕！"

借书角最受欢迎的书籍之一是玛格丽·威廉姆斯（Margery Williams）作于 1922 年的《绒布兔子》（*The Velveteen Rabbit*）。小兔子问他的朋友皮马："什么是真实？"

"真实不是你如何被制作出来，"皮马回答道，"而是一件发生在你身上的事。当一个孩子长长久久地爱着你，不仅仅是和你一起玩耍，而是实实在在地爱着你，那时你就是真实的了。"

这本书我读了好多遍，这句话让我想起我生命中的那些时刻，让我真正理解了"真实"这个词的含义。

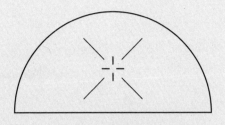

- Chapter 2 -

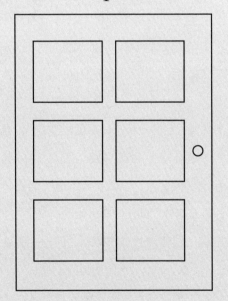

第二章

书店生意的缘起

1941 年至 1946 年（我出生那年），我的父亲在铁道上做消防员。他给我讲了许多他在铁道时期的故事，其中 K942 发动机的故事是他最喜欢的。新西兰引进这款发动机，是因为它能带动火车在我们的山地地形自由奔跑，载重量也要大得多。我想我继承了父亲对火车的热爱：我这一辈子，不是在船上，就是在火车上。

母亲十九岁时嫁给二十一岁的父亲，那是 1944 年。他们婚后的头三年搬去和父亲的父母，也就是我的爷爷奶奶一起住。我的姐姐吉尔和我都是在与他们同住期间出生的。

爷爷奶奶的房子俯瞰着基督城的雅芳河——那是一座顶好的家庭住宅，有五个卧室、一个大大的厨房、一间餐厅、一间起居室，甚至还有一个带锅炉的洗衣房。吉尔和我与莫琳姑姑合住一间屋子，莫琳姑姑和洛兰姑姑是一对双胞胎，只比我们大十岁，是奶奶五个孩子中最小的。琼姑妈最大，那时她已经结婚并在新西兰北岛定居了。还有许多被收养来的孩子和我们一起生活——我们管他们叫"叔叔"或者"姑姑"。

　　奶奶操持着这一大家子，她坚强有力又无比温柔。爷爷总是在他的工作棚屋里捣鼓着自行车，或是去他兄弟吉姆的著名店铺——"霍布迪自行车行"。那间铺子位于科伦波街，是他 1943 年开的，直到今天还在营业。

　　奶奶是一个丰腴的女人，每天都系着一条围裙，她总是将头发绾成一个紧紧的发髻。她几乎总是笑着，喜欢亲热地搂抱着你。我非常爱她。就是奶奶无数次地一边抱着我吻着我的头，一边对我说："露丝，我知道你努力做个好孩子，可你并不是。"

　　她用装面粉的袋子给我们做短裤，每周日我们都有"伤心蛋糕"（Sad Cake）吃。板油代替了黄油，使得蛋糕很沉，于是它被端上桌时中间常常是塌下去的。作为款待，我们可以吃到涂了果酱和奶油的黄油面包。

　　属于我父母自己的第一座房子在班戈街，距离雅芳河一个街区，步行很快就可以到奶奶家。我们 1949 年搬到了那里。那是一座非常小的木屋，爸爸需要不时地对它进行重新翻修。这就已经够他忙的了，不过他和伊凡姨父还是决定要挑战另一场冒险：养鸡，而且还是要做成肉鸡供应产业的规模。他们找了一块适合圈养那一百多只鸡的地，鸡都买好了，钱也交了，但就在最后一刻，那块土地的所有者违约了。最终，该散养鸡冷冻肉企业只好在我们小小的后院落成了。

　　鸡到来时，爸爸已经把我们房子的整面后墙完全推倒了，露出厨房和我们的小卧室，向后院敞开着。他用麻袋把屋子那一面围起来，用来挡住冷空气。于是我们常常被鸡群轻轻的"咯咯"声惊醒，因为它们偷偷从那些麻袋底下钻进来，在床头或其他温暖舒适的地方卧着过夜。

邻居们的抱怨使得养鸡事业戛然而止，不过那时鸡群也几乎完全占领了我们家的后院和房屋。

爸爸总有新鲜的点子，而且往往会把全家人给牵扯进来。（这一品质确凿无疑地遗传给了我！）我们刚从班戈街搬到牛津露台街时，爸爸立刻决定把那座大房子变成民宿。

我们接待的头两位顾客是比尔和莫里斯，他们是基督城公立医院的头两个男护士，莫里斯后来成了上哈特银溪医院的护士长。他们身上总是发生戏剧性的事情，因为他们是一对公开的同性恋人，这在二十世纪五十年代可是了不得的事。比尔后来成了我们的"比尔叔叔"。夏天，在爸爸到中奥塔哥玛塔卡努伊的深铅矿淘金的几个月里，妈妈经营着民宿。

爸爸一完成房子的重建、修缮和刷漆工作，牛津露台街的房子就被卖掉了，我们于 1953 年搬到了会议街。

二十世纪四十年代初，我的姥爷本恩在派勒湾买下了一座两居室的度假小屋。派勒湾是一个小小的隐闭沙滩，藏在班克斯半岛高高的、荒草丛生的山崖下，划船即可到达里帕帕岛。他还搞到一艘船板重叠搭接的救生艇，有着巨大的桨，我们在上面学着划船。整个暑假我们都在派勒湾与我们的表兄弟肯和大卫一起度过。我们光着脚在山里和布满岩石的海滩上尽情奔跑；学习划船、捕鱼，挖各种蛤蜊；我们从青草葱郁的山坡上滑下来。夜里，我们会坐在山顶上，看着岛际渡船离开利特尔顿港，连夜驶向惠灵顿。

爸爸和伊凡姨父周末过来时，我们几个孩子就会蜷缩着睡在铺位上，给爸妈们留出四个床铺。伊凡姨父娶的是妈妈的妹妹菲莉丝（也就是芳姨）。夜里，伴随着连续不断的轻柔叹息，煤油灯"蒂利"在屋子里投下无数阴影。我太喜欢船舱里令人着迷的味道了，总是咸咸的，混着一丝暖烘烘的煤油味儿。我的床垫底下堆着一摞摞的书，每个假期我都要认真仔细地阅读，常常是就着烛光读。

我们打牌、猜谜，站在船舱外的一个大搪瓷盆里洗澡，用海水漱口，每天都穿同一件衣服。姥爷用棉线绳子做成渔网，每做好一张就用冷茶水浸泡，好让它不易腐烂。

里帕帕岛，又称杰沃伊斯堡，是孩子们的梦中乐园，我至今仍然珍藏着那些不可思议的记忆。它有着沧桑的历史，曾是纳塔胡部落的聚居地之一，后来成了十九世纪八十年代末新移民的检疫站，还曾是关押蒂怀蒂 150 名信徒的监狱，后又在两次世界大战中用作海防基地。

杰沃伊斯堡具有极高的建筑价值和美学价值，作为一座极其罕见的十九世纪八十年代地下堡垒，如今是新西兰国家一级文化遗产。它有四座已不复存在的火炮掩体，通过地道与地下弹药库及生活区连接。主要入口被建成城堡的模样，有一堵石头城墙，上面有城垛和仿十字形的射箭孔。

这座小岛被石头环绕，一道砖石结构的海堤围绕堡垒而建，要到岛上只能通过一座旋转桥或走船用坡道。我们常常离开主院，进入地下堡垒，这是一座令人眼花缭乱的迷宫，有无数条地道，大多数都用铁门锁上了。这么做当然很令人害怕，但也绝对刺激。凉爽的夜里，我们探索着堤岸，巨大的火炮仍然矗立在此地，监狱的门还在开阖。

我们家现在都还拥有派勒湾那座小屋。如今它装了太阳能板，有堆肥厕所，还有两个卧室和一间浴室。旧的煤油冰箱已经被太阳能发电冰箱取代，了不起的老式黄绿煤炉也给燃气灶让位了。那时我们是孙辈，如今我们已经做了爷爷奶奶，成了讲故事的人。

爸爸又开始了迁徙：会议街的房子要转让出去。我们搬到了菲茨杰拉德大街的一栋二层楼里，房子很大，几乎整个底层都被我们用来开了一间杂货店。八岁时，我有了人生中第一份拿薪水的工作：帮爸妈在店里干活。吉尔那时十岁，她靠着给报纸写上名字再按顺序摆好，以及每周一次在店里工作到很晚并帮妈妈关门，每周可以挣到两英镑。

爸爸跟我解释说，女性的最低工资是每小时 3 先令出头，而我只有八岁，所以他会按此时薪的六分之一给我报酬。放学后，我负责给大米、面粉和糖称重，并将它们打包——这些货进回来时都装在很大的袋子里，我还从大木头箱子里把茶叶掏出来。爸爸鼓励我学习盈亏，学习如何做预算，并教会我存钱的重要性。我把赚来的钱都塞进衣柜底部的一个罐子里。和爸爸一样，我已经开始计划如何提高我每周的收入了。

我第一个独立完成的商业活动是饲养和售卖宠物鼠，由爸爸全资赞助。他用店里装水果的木头盒子给我做了好几个两层或三层的鼠屋，妈妈则教会我如何照料它们。我决心要从老鼠生意里大赚一笔：失败从来不在我的选项里。小老鼠一长到差不多大时，我就把它们放进一个正好可以搁在我的自行车车筐上的旅行箱里，把它们带到学校去卖。我把它们放进纸袋子里，里面铺上稻草，每个六分钱，可选公母。

我的生意本来做得挺好的，直到修道院的嬷嬷们认为在学校里买卖老鼠是不合适的。尽管剩余的老鼠都低价甩卖了，我仍然赚了一笔。我给爸妈买了一只长尾小鹦鹉，爸爸给他取名"弗洛伊德"（Floyd）。后来她在爸爸的肩头下了个蛋，我们才发现"他"其实是个女孩子。爸爸很喜欢她。但妈妈有点儿受不了她。

中奥塔哥有着悠久的淘金历史，从达尼丁腹地出发到帕默斯顿，经过著名的皮格鲁特，再到玛尼欧托托平原，便可一路抵达奥马考、克莱德和亚历山德拉地区。我听岁数大的亲戚们聊起过淘金热，但从来没怎么放在心上，直到见识了爸爸在玛塔卡努伊——过去曾被称作"小炉匠"——开启自己的淘金事业时陷入的狂热。

过去那些老合伙人都去世后，爸爸成了深铅矿唯一的股东。按照法律规定，那座矿必须每年都开采，否则那块地的股份就会被别人重新买走，爸爸也会失去他的所有权。问题在于，主要的黄金矿脉在一个小湖泊底下，所以开采作业只有等冬天的冰融化、湖里水位低一些时才能进行。砂金主要靠一个水驱水闸聚集起来。

暑假期间，爸妈会雇用一个管理员看店，我们则全家出动，到邓斯坦山脉脚下的矿上去。夏天无比炎热，这和我黝黑的皮肤很相配，但妈妈和吉尔都被晒伤了，因为她俩太白了。妈妈只有一米五三，但她在矿上无所不能。爸爸在水闸从早忙到晚，妈妈用铲子铲起这些淘来的宝贝泥沙，吉尔则用篮子筛沙，我洗好垫子并在爸爸买给我的一口小金锅里淘洗沙子。爸爸大声给我们鼓劲儿："加油干，不要停！这一天才刚刚开始，我们还有一整天要忙活呢！"

工作一整天后，爸爸会把那些掺着金子的泥沙收集起来，架在火上烤干，然后把它们放到一张卷成"V"字形的报纸上，接着他轻轻地抖动报纸，慢慢地吹着那些宝贝干沙。由于他既老练又富有耐心，能看到金沙和金屑铺在纸上，和沙子分开。

每个周末，我们会拜访老桑迪·安德森———一个健壮的黄金矿工的小屋，他会把收来的金子拿到奥马考的银行里去卖。他会在一颗大土豆上挖一个深洞，把金沙倒进去，然后拿挖出来的那个土豆"塞子"堵上它，接着土豆会被放到滚烫的煤堆里过夜。第二天早上就可以看到烧熟了的土豆中安睡着一小块金疙瘩。一盎司金子可以卖 12 英镑。

书店里的故事

—

"说出你的故事"

我应邀在当地的妇女联合会发言。妇联主席戴安娜·麦克唐纳曾在新西兰广播金·希尔（Kim Hill）的《周六早晨》（*Saturday Morning*）这档电台节目里听过我发言，于是对我发出了邀请。"就说说你的书店和……哦，当然，多说说你的生活。"

我在停车场停车时，戴安娜过来接我。

"真是一个糟糕的早晨。"她说道，"真抱歉——情况有些复杂。我们的一位女士昨天突然去世了，我还谁都没来得及告诉。"

我的大脑飞速运转起来：应该给一群刚刚得知她们的朋友去世消息的女性讲什么呢？我本来计划讲一些会让她们哈哈大笑的故事，但是在目前这样一个极度悲伤的情境下，我怎么还能那么做呢？

戴安娜站在讲台上宣布了这个噩耗，然后补充说我们一定要继续上午的这次聚会。接着她介绍了我。

我表达了哀悼之情，然后说我们常常会因为某个人的死亡而大吃一惊。我一直相信每个人都有故事可讲，所以我强调让他们的家人听到他们的故事，甚至把这些故事记录下来是多么重要。

"你无须有多么惊心动魄或充满戏剧性的一生才配有故事。告诉你的儿孙你在农场长大，不论寒暑都走路去上学——有时甚至光着脚走；回忆你的母亲对咳嗽头疼、蚊虫叮咬等都有一套独特的偏方，这些同样很重要。谁给你缝制了第一条舞裙？我奶奶用装面粉的袋子给我们做短裤！你还记不记得如何用猪油或植物油做蛋糕？你的电话和别人的'串线'了，于是你知道当地的八卦可能会被偷听。还记得收到一封信是多么重要、多么令人激动吗？"

当我讲到我的奶奶和姥姥给我讲过的那些故事时，我几乎满含泪水。

"写下你们的故事吧。"我对她们说，"请写下你们的故事吧。"

幸而我能越过哀伤的情绪，成功逗乐了这些了不起的女人。最后我们在一派欢声笑语中结束了交流——那个上午无比珍贵，令人难忘。

发言结束后，我正在一堆三盘六碟的美食之间不顾吃相地大快朵颐，戴安娜问我她可不可以组织温顿读书俱乐部到马纳普里来，在我的书店办一场读书会。我说我觉得这是一个绝妙的主意。

过了两三个月，他们来了，开来三辆小汽车，满载着令人垂涎的便于用手抓取的食物当午饭。那是妙不可言的一天。我们坐在外面，沐浴在阳光下，所有人都戴着太阳帽，聊啊，笑啊，尽情享用着美味的午餐。他们说起最近俱乐部选的书时，显然有人喜欢，有人不喜欢，于是自然引发了激烈的辩论。

当时这本书刚刚写到一半，我饶有兴味地听着，并且想象着我的书写完后会激起多么自由的讨论。性、毒品、脏话、数度被捕、几段婚姻，这些必然会引起激烈的争论，我有决心！

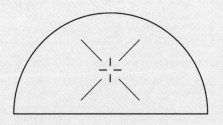

- Chapter 3 -

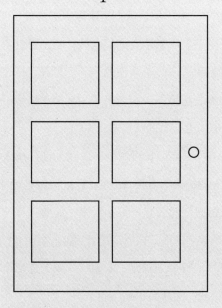

第三章

学会何时把牢它们

那是 1953 年，我七岁。我们刚刚搬到基督城会议街一座两层楼的房子里，房子名叫布里克斯顿大楼，听上去就富丽堂皇。从我出生后最开始和爷爷奶奶共住的一年后算起，这是我们在过去的六年里住的第三套房子。买老房子，把房子修缮好，再把它们卖掉，这是爸爸毕生从事的众多事业中的一项。

这次的房子样式老旧，没有前院，因为前门离人行道只有一两米。一株巨大的胡桃树掩映着后院，远处的角落里是一个菜园。

房子后方厨房门对面是一间小卧室，姥姥就住在那儿。我的姥姥，艾伦·玛莎·黛西，在离开姥爷后就一直和我们一起生活。而姥爷，埃特尔伯特·庞森比·本恩——我一直都很喜欢他的名字——则搬去和我们的姨妈一起生活了。

姥姥那儿总是有访客，但是我们只有受到她的邀请时才被允许进她的屋子。她是个高高的女人，看上去很严肃，嘴唇苍白，近乎黑色的阴沉的眼睛总是警觉而忧伤。短短的、有些花白的黑色卷发盖在头上，边框褪色的眼镜高高地架在鼻梁上，衣服总是扣得严严实实。我印象中她长得最美的地方是她的那双手，修长的手指十分优雅，又白又直，指甲修剪得整整齐齐，甲肉上露出小小的月牙。她很喜欢打牌，事实上她赌博，而且赌得很大，输光了祖产。

直到许多年以后，当我和吉尔聊起姥姥时，我才意识到她当时有多精明。她对吉尔很慈爱，和她盖一条被子，还给她读故事听。吉尔梳着长长的亚麻色辫子，眼睛蓝蓝的，而且总是很淑女。而我呢，我是个邋遢鬼、假小子，留着黑色短发，总是有一堆问题，还老闯祸。我从来没有享受过姥姥的慈爱——尽管从我九岁起就给她那溃烂的双腿敷药换药，也没有得到过一句"谢谢"。

我不像爱奶奶那么喜爱姥姥，不过她教会我一些生存技能，这在我人生一团糟的时候总是很有必要。早在很小的时候，我就跟着姥姥学会了如何打克里比奇牌、二十一点等，还学会了一些基本牌技。她教会我如何用我的一双小手正确地把牌抓稳，如何洗牌而不让任何人看到牌堆底部的那张牌，以及如何自信而气定神闲地迅速打出一张牌，什么都不泄露。虽然我的手比姥姥的小很多，但我像她一样优雅地拿着牌，把它们牢牢地捏在手里，这样"谁都休想出老千"。

这些技能都成了我终身受用的经验。每当我缺钱时，我都能靠打牌赢钱。最重要的是这些虚张声势、信手拈来的关键技能。"就算你有一手烂牌，也不用让人一眼看穿。"姥姥这样告诉我。

她教会我如何表现得有说服力，就算手气差也不用避讳眼神接触。

不仅打牌如此，纵观我的一生，姥姥教会我的总是一次又一次地派上用场。如果我身处不喜欢的境地，我需要有信心向世界展示我拿了一手好牌。

等我再大点儿时，十岁左右，我会跟着父亲和伊凡姨父到酒吧去，我们会玩尤克牌和五百分纸牌。我是全场唯一的小女孩。我曾和爸爸组队，我们一起打配合，玩得非常好。我记得多年以后当我离家去参加海军时，爸爸对我说，生命就像打牌，上天给你一手牌，你如何打这手牌，可能会影响这个月、这一年，甚至这一生剩下的时光。而你没有时间计划，因为一旦你打牌时犹豫了，人们就会猜出你下一步要怎么走。他最常挂在嘴边的忠告是："不论身处何种境地，都要把你的生命当成一手牌，想象你会如何打这手牌。接下来打的那张牌可能会让你转败为胜。"

我这一辈子都热爱打牌。感谢上天，我没有沦为赌徒。但是在我生命中，有两次打牌的经历都为我开启了十分有趣的境遇——两次经历截然不同。一次是在法属波利尼西亚的帕皮提，那时我正在"卡蒂萨克号"上环游太平洋；另一次是在巴布亚新几内亚的拉包尔，在那儿我只工作了四年。

书店里的故事

—

一场不可思议的朝圣

一个高大男子来到书店门口。他衣衫褴褛，一看就是经过了长途跋涉，从他身上散发出的似有若无的味道，我能知道他刚从山里来。他在台阶上坐下，脱下沾满泥巴的湿靴子放在门垫上。

"走山路来的吧？"我问道，尽管这是显而易见的。

"在山里晃荡了十天。希望你不会介意。"

我笑了。"你看起来需要一杯浓咖啡。加奶加糖？"

"那再好不过了，谢谢。两大勺糖。"

我端着两杯咖啡回到店里时，他正坐在地上，在一张摊开的峡湾地图上搜寻着。"这地方太神奇了，是不是？你每天都可以追着太阳跑，但仍然有更多的高山可以让它躲在后面。"

"那你打算回去了吗？"我问道。

他点点头。

"是在躲避什么，还是奔着什么去的？"我小心翼翼地问。

他把目光从地面上抬起来看向我，他此前一直在低着头喝咖啡。"只是走走。沉迷其中，铸造灵魂。"他的遣词造句精彩绝伦。

他告诉我，他"此刻很迷茫"，希望能独自待着，好理一下头绪。

"在露营地待几天，然后我就要再次出发了。不介意我多来几趟吧？我喜欢读书，可我的背包不够大，装不下它们。"

"随时欢迎，"我告诉他，"要是关门了，就来敲大门，我给你钥匙。"

接下来的三天里，哈米什来往于此。他刮了脸，衣服也洗了，但仍然穿着那双旧靴子。

不久我就足够了解他了，我给他一本书，知道他一定会喜欢，一本他从前怎么都不会想到要拿起来读的书。

"哈米什，我要给你一本书，你一定要把它塞进你的包里。"

他把书接了过去，看着书名笑了：《哈罗德·弗莱不可思议的朝圣》（*The Unlikely Pilgrimage of Harold Fry*）*，作者是蕾秋·乔伊斯（Rachel Joyce）。

"我想哈罗德的鞋子和你的靴子有点儿像。"我说道，"你读完后，把它放在营房里，别人就可以读了。"

"不，露丝，我不会那么做。"他说道，"这是我的书——是你给我选的。我不会把它随手一丢的。"

他准备和我握手，不过我没和他握，而是伸出双臂拥抱了他。

"保重，哈米什。"

---

* 中译本为《一个人的朝圣》。——译者注（如无特殊说明，本书脚注均为编者注）

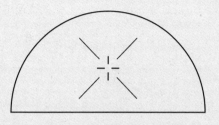

- Chapter 4 -

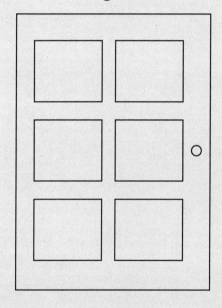

第四章

内斯比

✳

1957 年，我们搬到了中奥塔哥的小镇内斯比，这是新西兰最小且最古老的小镇之一，居民只有 100 多人。虽然小，它仍有一个镇长，还有一些议员。令爸爸无比开心的是，我们正位于金矿世界的中心。

那是 1863 年，人们第一次在艾达山附近的一条沟壑里，靠近今天的内斯比的地方，发现了金子。接下来的几个月里，随着矿工们离开邓斯坦金矿，冒着冬雪长途跋涉，一座帐篷构成的小镇在海拔 2000 英尺＊的"新大陆"建立起来。自人们在流经内斯比的霍格伯恩河发现了有利可图的泥沙以来，在极短的时间里，这座帐篷镇壮大了一倍。小镇于 1873 年正式被命名为"内斯比"。

我们的房子一分为二：一半是一间肉铺，带个锅炉房，另一半供我们居住。对母亲而言，这次搬家意味着离开基督城她的姐姐和其他家人，因此她觉得很孤独。我的姐姐吉尔讨厌内斯比，因为她原本在我们的天主教女子学校上学上得好好的，而且那是

＊ 1 英尺 =0.3048 米。

一所正儿八经的学校，教她的是慈悲修女会（Sisters of Mercy）的修女们；然而现在，她不得不在兰弗利高中——一所小小的男女同校的乡镇学校——继续她的学业。可我很爱我们的新家。我想，爸爸、贝斯威克（我们的波斯猫）和我在内斯比都如鱼得水，而吉尔和妈妈则"对此次搬家重视过了头"。

我上的内斯比小学只有两间教室，里面都有大肚子的圆火炉供我们在冬天取暖。我们每天清晨的第一门功课不是跪在地上拿着念珠念经。我们不用学习拉丁文，也不用唱永无休止的赞美诗。我们不用每周集合无数次，也不用读那些教理问答。我放学后不做作业，作业只在假期才会有，所以我有时间玩耍、探索，体育成为我生活中很重要的一部分。

小小的雅典娜神庙阅览室就在我家隔壁的隔壁。阅览室里很暗，一盏孤灯高悬，光线笼罩出神秘、冒险和阴森弥漫的氛围。许多书都极其古老，有着皮面或布面的书壳，烫金的书名有些剥落，薄薄的书页一翻动就有褶皱。于我而言，这里的一切都棒极了！我记得自己坐在小木桌前，怀里抱着一本大书，因为我实在是太爱它啦！

爸爸成了镇里的书记员，不过也作为当地的屠户经营着肉铺。他把税收账册放在肉铺的柜台下面，人们来店里缴税。他还是个冰壶高手，负责为地方上的一些冰壶俱乐部赛事和锦标赛准备冰面。当然，他还顺带淘个金。

威廉（比利）·斯特朗是内斯比的钟表匠，他住在德文特街的一座圆形小屋里，从邮局穿过马路就是。他的父亲1868年在莱文街开了这间小小的、杂乱的钟表铺子。这个铺子至今仍然在那里，墙上挂满了各式各样你能想象得到的钟表，没有一个是能正常走字的。

比利有时会向公众开放铺子，这样大家就能仔细参观那些漂亮的怀表、腕表和各种时钟了。木头柜台后面有成箱成箱的钟表，他不紧不慢地以自己的节奏修理着它们，不时地踅到各个黑暗的角落里去找某个几乎被遗忘的零件。是比利告诉我所有关于怀表的事情，向我解释表链的长度和重量的重要性，以及弹簧、齿轮和那些小小的传动装置。他一直干着这项事业，直到1967年。

深秋时节，落叶松的松针变黄，散落在了大街上，初雪覆盖着群山。每年的这个时候，掘墓人都会在墓地里预先挖几座墓穴，因为一旦严冬来临，地面就会上冻。

"铁头"是这个掘墓人的外号——他是个大高个儿，体格健壮，光头，四十来岁。走在街上时，他总是笑呵呵地跟聚在一起的老人们打招呼。"老哥儿几个今天过得怎么样啊？"他几乎每天早上都这样问候他们。他和作为镇书记员的我的爸爸提出挖四座新墓来应对接下来的冬天。

"很高兴看到你们都这么硬硬朗朗地入冬了。"他一边对那些老人说道，可能心里同时盘算着他的"过冬数量"，一边扛着铁锹大步离开了。

通常，一座新墓挖好后，底下的老墓就会显露出来——毕竟早期的记录不是那么精确。始建于 1860 年的内斯比墓地是新西兰最古老的墓地之一。中国淘金者的墓地在围栏附近的几棵大树下，厚厚的石板上用中文刻着他们的名字。许多早期的坟墓埋葬的都是贫民。

中部地区的冬天早早到来了。群山默默地挺立着，第一场雪给山头披上了斗篷，并试图填满整个山谷。乌云轻轻悄悄地聚拢，布满了苍穹，密密实实地掩住低矮的群山，所到之处，一切阻拦它们的事物都会被它们一口吞掉。空气会立即变得寒冷刺骨。内斯比就此进入寒冬。

来到这里的第一个冬天是那么肃穆，我缩成一团坐着，眼睛睁得大大的，好奇地盯着跳动的炉火。炉膛里秋天采来的松果大张着裂口，安安静静地燃烧着。一股股烟盘旋升腾，空气中弥漫着松果的香气。

透过卧室的窗，我看着我人生中的第一场雪，完全出了神。第一朵雪花如棉花球一般狂乱地飘摇而至，犹如一把小小的降落伞在空中起舞。就好像这朵小雪花是上天派来通知大地的，一场最异彩纷呈的芭蕾表演即将开始，一年一度，但一次持续数月。这下，小小的芭蕾舞者纷至沓来，成百上千，成千上万，渐至无数，都一身洁白，越舞越快。

很快我就看不到土路上的那座石桥了。我立刻穿戴好，跑到院子里，靴子在厚厚的雪里嘎吱嘎吱地响。我里三层外三层包裹得严严实实，脸上也捂了好几条围巾，只露出两只眼睛。围栏的栏柱也戴上了冬天的圆帽，洁白挺括，有的甚至别了一些颇显时髦的松针。厚重的积雪开始将电报线压垮。

自此，在玛尼欧托托平原的中心，我的故事才真正开始。

"这天冷得能把人屁股冻掉。"我们和缓步行进的神秘钟表匠比利·斯特朗越走越近时，父亲说道，"最好点上烟斗吸上几口暖暖鼻子——都快结出冰锥了。"比利的身体向我们凑近，好听到父亲说话，他身姿依然挺拔，但毕竟上了岁数。

"我确实该把我的烟袋锅点起来。就要下雪了——看看这些树，还有那些鸟。"他拿一条巨大的、脏兮兮的手帕擦了擦同样巨大的鹰钩鼻，拿出怀表看了看时间，点点头，"就像我说的，在这儿住了太多年了，也不知道何时会下雪。今天这场雪不错，就连平原地带也会积上一层。"

"是啊，我也是说。"爸爸答道。他叉开两腿站着，双手插在口袋里，烟袋在毛衣口袋里支棱着，肉铺的围裙紧紧地围在他微微鼓起的肚子上。他的蓝眼睛周围满是笑纹，一头金发——发际线略微开始后移——用一顶宽檐鸭舌帽盖住。"耳朵要保暖。"他会这么说，但多少有点欠缺说服力，因为他的帽子压根儿没盖住耳朵。在他家族遗传的大鼻子底下赫然耸现着点燃的烟斗，经过岁月的洗礼已经变得黑乎乎的，有一层漂亮的包浆。

"要去找其他小伙子了吗？"他对比利喊道，用下巴指了指杂货铺和它那条破旧的长凳——看上去似乎已成了橱窗陈列物品的一部分。那个地方每天早上都有一群老头聚在一起，也包括比利，就在爸爸肉铺的马路对面。他们来到内斯比时还都是小伙子，干劲十足，去淘金，然后结婚，定居于此。如今到了晚年，他们每天上午都坐在阳光下，一边抽着烟，一边追忆往昔，不时地打个盹儿。

这时，半条长凳上已经坐满了干瘪老朽的"小伙子"们。他们就那么坐着，烟袋锅在不断流着鼻涕的鼻子下方快活地冒着烟。每当新来一个人，他们就会脱一下帽子打招呼，嘴里咕哝几句天气如何如何之类的话，然后又恢复到之前伛偻而坐的状态。点头致意、咕哝天气和喷云吐雾都渐渐频繁了起来，到了十点左右长椅就坐满了，由淘金岁月驶来的这些古老"引擎"轰鸣着，开始他们这一天的述说。

从内斯比小学毕业后，我就和吉尔结伴坐校车去上兰弗利高中了。我们的英语老师，亚历山德拉女士，说我有极棒的写作能力，并鼓励我阅读和写作。我们的数学老师，希尔先生，则终于不再提问我，而只是任由我做着白日梦（以及写作）。

地理课让我认识了地图。我仔细研究着地图上的细节——经度、纬度、地形——沉迷于对海洋和赤道的神往中。我研究不同的国家，学习有关各种动物和各地人们的知识，激烈地反对"英联邦"这一概念。

那时候，学校图书馆里已经有了关于"二战"的书，包括我十三岁时就读过的《安妮日记》（ *The Diary of Anne Frank* ）。同样十三岁的安妮写下了那些日记，两年后就去世了，这给我留下了极其深刻的印象。毕业后我不想在学校多待一秒，对我来说，生命的位置就不应该是在教室里。

1963 年的第一个星期，内斯比举办了一场百年庆典，整个镇子的人都穿上了富有年代感的服装。大街上有游行，还有蓄须比赛，面包上有香肠，游乐场上有体育比赛、淘金展示，晚上还有舞会。人们甚至在镇政厅放起了电影。后来，有着"蓝色牛仔裤，来自内斯比的诗人"美誉的罗斯·麦克米伦骑着马在镇子上跑了一圈，为了逗大家开心，他纵马从一辆灵车上跃过——一个当地人躺在破旧的灵车里面，看上去已经死透了，两匹马拉着灵车从大街上驶过。

游行队伍的终点在皇家酒店，每个人拼了命都往里面挤。皇家酒店挤满了人时，其余的人就去占领了古不列颠酒店。欢唱宴饮开始了，每个人都忘掉了灵车里那个可怜的人，那时他正用拳头猛砸玻璃想要出来。终于有人瞧见了，但把他放出来颇费了一番工夫，因为灵车的门被卡死了，但人们又不想打碎玻璃。

　　我之所以记得1963年，有两个原因：一个就是这场百年庆典；另一个是，就在那一年我被强奸了。

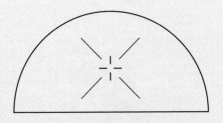

- Chapter 5 -

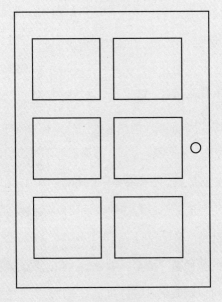

第五章

1963 年

在我青少年时期，玛尼欧托托每个月都会办一场舞会，就在社区的一间礼堂里举行。从十几岁的青少年，到他们祖辈的老爷爷老奶奶，一大群人都会来参加舞会。我们跳各种各样的舞，"快乐戈登"舞、高地漫步舞、狐步舞、华尔兹——都是在高中校园里学的。一开始学华尔兹时，都是女孩们给彼此当舞伴，我们数着"一、二、三""一、二、三"，尽量忍住不笑。只有当我们能在学校舞厅里抬头挺胸、胳膊姿势标准地跳着华尔兹和狐步舞时，我们才被允许和男孩子一起跳。突然之间，我们就感觉自己长大了，得以跻身成人世界，虽然我们只有十五六岁。

　　那个时候的我抽着"清晨"牌香烟，和比我大六岁的女孩子们玩曲棍球，可以跟我父亲好好打上一场高尔夫（这为我挣得了参与"第十九洞"赛后聚会的资格），打扑克几乎没有对手。但正是和男孩子跳舞这件事，让我痛苦地告别了童年世界，步入青年时期。

　　我向来不擅长跳舞，但是方块舞那几个重复动作——摇摆、转圈、跺脚、拍手——却是我喜爱的。我无疑被男孩子们迷住了，也更喜欢和他们待在一起，因为他们做的事情比女孩子做的有趣得多。我们和男孩子们一起坐在过去淘金的地方，一边抽着烟，一边烤着香肠和土豆。我们在陡峭的羊肠小道上竞速，骑着自行车飞快地俯冲而下。我们去山上挖洞，到水坝上摸鱼，还用垃圾搭小屋。

我十六岁拿到学历证书后就离开了学校，到 1963 年 2 月，我已经被兰弗利医院聘为第二厨师。

那年 7 月，就在我十七岁生日过后一周，一切对我而言都变了。

那是中奥塔哥的寒冬时节，大雪覆盖了周围的群山和农场，池塘和水库里的水已经全部冻上，滑冰和冰壶运动如火如荼。霍克登岭和艾达山脉，拉默莫尔和卡卡努伊，都像埋伏在草丛中的哨兵，环绕着玛尼欧托托平原。我们生来热爱群山，热爱开阔的山地和高飞的雄鹰，尤其热爱可以在淘金故地肆意漫游的自由。我们会骑车骑上几英里，从一个小镇晃荡到另一个小镇，没有一丝害怕，因为我们都彼此熟识。

这时候我已经有过几个男朋友了，但没一个当真的。因为反正也没有什么机会和男朋友出去"约会"。如果我们彼此的比赛时间不冲突并且比赛地点在同一个小镇，倒是可以在周六去看对方打比赛。可以一起去兰弗利看电影，也可以去参加每个月的舞会。

看电影时，我们会和男孩子手牵着手，依偎在他们的臂膊下。

那条胳膊会不时地偷偷从你肩上滑落，满怀希望地向你的胸部游走。我个子很矮，身材瘦小，胸部很平；我的运动胸罩对胸围更是于事无补。平胸在打曲棍球或网球时是个优势，但是谈男朋友时就尴尬了。我们在黑暗中亲吻，嘴巴紧闭——那只是毫无经验的笨拙摸索。一只手放在我的膝盖上——这固然令我兴奋异常，但同时也让我充满恐惧。

我依然清晰地记得我第一次的"实战演习"。那时我们刚打完一场曲棍球，在更衣棚里。我打得很好，所以心情很不错，男朋友则满面春风地称赞着那几记完美的侧传。我们背靠着更衣棚的木板站着，所以没人能看见。这时他向我靠过来，身体开始往我身上蹭。我能感觉到他起反应了，他的呼吸变得急促。接着，猝不及防地，一切就已经结束了，一如它开始得那般快。我疑惑地大声问道："这是做什么？"他难为情地嘟哝了一句"对不起"，就转身走了。我们的关系就此戛然而止。

我的两个朋友琳恩和苏在医院工作，我们三个每月都一起去参加舞会——坐着苏的男朋友的那辆六座大轿车出去。7月的一天晚上，我们几个裹着格子毛毯，戴上羊毛手套，头上围着好几条围巾，又出发了。

我们赶上其他车时——包括小巴，都在舞厅外面整齐地停好——舞会已经开始了。大厅里温馨舒适。男孩们站在大厅的一端，他们中的许多人手里握着热啤酒，抽着烟。女孩们则在大厅周围的硬板凳上坐着，有说有笑，等待被邀请跳一支舞。

9 点钟时，舞会达到高潮，四人乐队演奏着《地狱摇滚》（"Limbo Rock"）、猫王的《时不我待》（"It's Now or Never"），还有《女孩别哭》（"Big Girls Don't Cry"），当然，还有苏格兰歌曲《白色欧石南俱乐部》（"The White Heather Club"）和《苏格兰士兵》（"A Scottish Soldier"）。

难以置信，当地一个万人迷居然邀请我和他一起跳舞。他比我大两岁，高高的，沙色头发，脸上挂着似笑非笑的迷人笑容，更何况还是个舞林高手。他带着我旋转，伸直胳膊把我甩出去又霸道地拉回来，同时舞步丝毫不乱，完美地踩着音乐。气氛非常令人激动，而我完全着迷了，我和着音乐，沉浸在与他的亲密中。

音乐停了，他紧紧地握着我的手。"我们到外面去吧，露丝。"

我毫不犹豫地任由他拉着我穿过人群，来到外面的冷空气中。我不明白他为什么从那么多显然想和他跳舞并且想被别人看到和他在一起的女孩子当中选中了我。我感到自己格外与众不同。

"我们都是坐小巴过来的，就停在那边。我们上去吧，外面太冷了。"他提议。

那辆小巴停在一众交通工具的第二排。舞厅外十分昏暗，只有厅门上方一个孤零零的灯泡发出微弱的黄光。我们走下台阶，踏上小巴，一个声音从后座响起："你给我们带了什么回来，沃伦？"

我突然感到害怕。我试图甩开沃伦的手，但他把我的手握得更紧了。"别怕，"他告诉我，"只是我的几个兄弟。过来，我们坐这儿。"

我背抵着车窗坐着，沃伦挨着我，还有斯图尔特和西蒙——这两个男孩我都认识——坐在我们后面。我的直觉告诉我，我可能要落入某种精心设计的圈套，于是我试图站起来，但背后伸出两只手把我按回座位上。

"我想下车，求求你们。"我说道。

"'求求你们！'别呀，我们想要你留下来，求求你。"斯图尔特大笑着回答道。

我盯着沃伦，慢慢站了起来："让我过去。"

坐在我后面的西蒙猛地站起，身子探过来，一只胳膊搂着我的脖子。沃伦抓着我的胳膊把我从座位上拉起来，直接拉到了后座。西蒙跟在我身后，也到了后座。他的胳膊仍然搂着我的脖子，这时还用另一只胳膊紧紧地搂着我的腰。我向后一踢，踢到一条腿，接着听到一声惨叫和咒骂。我又踢了一脚，同时试图从沃伦手里挣脱。我记得自己被推搡到车后座的长椅上，被沃伦用整个身子压倒。

我一定是尖叫了，因为斯图尔特让我闭嘴，并把一条手绢塞进了我的嘴里。我不停地挣扎、狂踢，鞋子都被甩掉了。我不记得我都说了什么，因为我的大脑一片混乱，那么多事情突如其来地一下子都发生了。

　　我感觉我好像在为自己的生命而斗争，但只有大脑可以救我，因为我的双臂、头和双腿都被死死地摁着。我的思想在几种仅有的可能性之间来回驰骋。如果我挣扎，他们可能会更深地伤害我；如果我不抗争，他们可能会觉得我屈服了，同意和他们发生关系；如果我瘫软，他们可能会觉得我晕过去了，并放了我；或许我可以假装癫痫犯了……我希望我当时在经期，因为这样可能会制止他们。

　　沃伦扯掉我的内裤，趴在我身上，直勾勾地盯着我，他的脸和我的如此之近，我能闻到他呼吸里都是酒气。我也狠狠地瞪着他。我希望他能永远记住他的所作所为，以及我，这个被他压在身下的女孩，见证了他的罪行的每一刻。我努力想要闭上双眼，不去看接下来一定会发生的罪恶，但我同样地努力让自己不要闭上眼，我的思想在大喊"看着我！看着我！看着我！"。

　　我至今仍能记起那天的伤痛。我的嘴巴被手绢塞满，口干舌燥。我几乎窒息了。我的双臂被高举过头顶，西蒙用膝盖压着我的胳膊。我的一条腿被抬起来，另一条腿被压在座椅靠背上。我整个人瘫软了。

　　雾。灰雾。黑雾。红雾。

　　我睁开眼睛，但无法看清。只有几张脸盯着我，那是因为一些我看不透的感情而狰狞扭曲的脸。欲望、仇恨、控制，抑或是失控？

　　我记得我的泪水夺眶而出，整个半边脸都是湿的。我感到自己好像被撕裂了。有人不断叫着"上啊，伙计，上！"。沃伦倒下去，从我身上离开，一股极其恶心的气味在我周身蔓延开来。我的双腿间一片精湿。我完全失去了时间的概念。

　　他们三个站起来，没有理会我。西蒙把手绢从我嘴里拽出去，然后我就被独自留在那儿了。我听到车门开了又关上，接着是一片空洞的寂静。

　　那天晚上余下的时间，直至第二天一整天，都像一幅掉在地上摔碎了的拼图。我始终也没能把所有的拼图都拼起来。没错，我后来的确又回了那个大厅。但是待了多久？我做了什么？那三个男孩在那儿吗？我都不记得了。我告诉了朋友们什么呢？

　　我接下来清晰的记忆是到护士之家的浴室把自己洗干净，穿上月经带，垫一条毛巾——因为我还在流血，把内裤洗干净，把长筒袜扔进垃圾桶里。

　　第二天是星期日，所以我有一天假期。而那天早上我干了什么，接下来的第二天早上我干了什么，我都记不起来了。那天晚上我怎么回的家？也许我给妈妈打了电话，也许我搭了便车——我也不知道。但我清楚地记得妈妈本能地知道事情有些不对劲，因为她直接让我和衣而卧。她给医院的管事打电话，说我生病了，要请几天假不去上班。

她不用我说就猜到发生了什么吗？十年后我终于问了她这个问题，那时我在照顾身患癌症临终前的她。

"我是你的妈妈，我知道一定是发生了什么事。"她说道，"但我还是接受不了听你亲口告诉我。"我被强暴时，妈妈只有三十七岁，一个有着两个青春期女儿的年轻母亲，除了我们的爸爸，没有任何亲人能帮她，因为我们所有的亲戚都住在基督城。

我接下来的记忆就是妈妈叫醒我，跟我说她给我放好了洗澡水。我走进浴室，把自己泡在温暖的热水里。我这才注意到我的双肩、双臂和双腿满是瘀青。

"你要是需要，我会过来帮你洗头发。"妈妈在浴室外跟我说。

"不用了，我能洗。"我迅速答道，但她还是进来了。她一言不发地开始帮我清洗，前所未有地温柔。

一片寂静，只有水声。我开始哭，妈妈抱住我，和我一起哭。我开始啜泣、哽咽，整个身子不住地颤抖。

妈妈很矮小，有一头红色的头发和甜美的笑容。她叫弗蕾德，昵称弗蕾达。她是个聪慧的母亲。

"我们谈谈这件事吧，露丝。"

我点点头。她替我擦干，帮我穿好衣服，然后开始给我梳头。"一切都会好起来的。会没事的。今天过去了就好了。"

过了那么多年以后，妈妈才告诉我，她一直需要时间让爸爸做好心理准备。她很担心他会"把那几个混蛋排成一串毙了他们"。

周一，妈妈带我去兰弗利看了麦奎因医生。检查过后，他和妈妈单独谈话，而我和他的护士一起在前台坐着。我确信我们接下来会去报警，但我们没去。

在强奸的创伤后，爸爸几乎没跟我说过话。他沉默寡言，垂头丧气。在这之前，我对爸爸的一个印象是每天早上我们都能听见他在家隔壁的肉铺一边工作，一边吹着口哨、唱着歌。强奸事件过后，他不吹口哨了，也不唱歌了。房子里静悄悄的。

我回去工作了。如今我已是主厨，为全院的工作人员和患者做饭。

过了一个星期左右，妈妈告诉我，爸爸去见了沃伦的父亲，一切都"解决"了。不会惊动警察。我永远也不知道到底发生了什么，他们怎么谈的，但最恶心的结果是，沃伦的父亲给了我爸爸50英镑，接着这钱被送到了我手上。这张崭新的钞票不解决任何问题，它只会激发更多令人刺痛的、极伤自尊的问题。这是一个足以弥补强奸罪行，或是让我闭嘴的合理价钱吗？我出离愤怒。这股怒火后来在我心中燃烧了许多年。

两个月没来月经，我知道我怀孕了。当我和妈妈告诉爸爸时，他离开家，走到古不列颠老酒馆，喝得烂醉。从来没有人提出过"堕胎"。我会继续工作，直到12月。对于一个十七岁的孕妇来说，那是一份繁重艰苦的工作，工时漫长，责任巨大。

除了家人，没人知道我怀孕的事。当时对未婚先孕女孩的普遍处理方式是把她们送到国内的另一个地方，生完孩子再回来，仿佛什么都没有发生过。把孩子送养出去是最无可辩驳也最简单的解决方式，这是人们的普遍共识。孩子一出生就被从母亲身边抱走，理由是如果母亲从来没有见过孩子，她就能更快地在心理上痊愈。

我将在 1 月到惠灵顿去，因为日渐凸起的肚子已经藏不住了。我先坐火车到利特尔顿，再乘岛际渡轮横渡连接新西兰南岛和北岛的库克海峡抵达首都惠灵顿，在那里和乔伊丝姨妈以及比尔姨父一起住。

那张红色的 50 英镑钞票给了他们。我至今仍然认为那张钞票上沾满了血迹。

我的儿子于 1964 年 4 月 10 日出生。他们到底没让我和他见上一面。

四年后，1968 年的 4 月 10 日，利特尔顿至惠灵顿的渡轮"女冲浪者号"（Wahine）在惠灵顿港被飓风掀翻。当人们见证着这场导致 52 人丧生的可怕海难时，我脑海里唯一想到的是，那是我儿子的四岁生日。

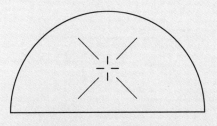

- Chapter 6 -

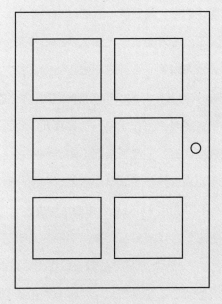

第六章

离家加入海军

我回到内斯比的家，就好像什么都没有发生过，我的谎言生活由此开启。二十世纪六七十年代那么多的女孩子发生了这种事都是这么处理，因为未婚先孕就是不被接受的。我们都学着对此忍气吞声。如果有人问起你无法如实回答的问题，你会怎么说？"你上哪儿去了？是去惠灵顿工作了吗？你在那儿一定过得很好——为什么要回来内斯比呢？"我甚至都不知道我的表兄弟姐妹和姨妈们是否知道我是去生孩子了。我生命的这一部分似乎被完全抹掉了。我甚至都不知道我的姐姐是否知道这件事。

　　这一切发生之前，我本来已经被海军部队录取了。入伍的事显然要暂时搁置，不过后来部队通知我可以在 1964 年 8 月入伍，当卫生员，一开始签了三年。在家里，每个人都强颜欢笑，一切都紧张兮兮——聊天不再是轻松愉快的了。我知道妈妈承担着大部分的压力。我必须得离开。加入海军无疑是唯一的出路。

　　"她一到那儿就会好的。"我听到爸爸这样对妈妈说。

　　加入女子皇家海军服务队的想法吸引着我，但比那更重要的是，离开此地并在奥克兰开启一段新生活——完成这最后一步，就可以完全摆脱发生在我身上的一切不幸。我从兰弗利坐火车到达尼丁，又从达尼丁换乘另一趟火车到皮克顿。我乘渡船横渡库克海峡，再从惠灵顿坐14个小时的夜班火车到奥克兰。

从此我的生活开始充满条理。必须身着制服，按时报到；注意力要集中，要立正、敬礼；要说"是，长官！"或"不，长官！"。因为许多规矩对我来说都不合理，一开始我对一切都持质疑态度，不久我就发现挑战体制只会挨罚。在我极短暂的海军生涯中，额外的勤务和取消请假资格等惩罚都是家常便饭。我的海军履历表里写着这样的评语："适应能力差。很有才干但信念不够坚定……上级人员过了很久才得到她的信任。"

结束最初的训练后，我们就被送往德文港爱德华国王阅兵场的伊丽莎白宅邸。这里最初是作为文特诺酒店而建，现在为女子皇家海军提供顶级的食宿条件。它俯瞰着波光粼粼的奥克兰港，有超大的厨房和餐厅，许多间大浴室，还有一个漂亮的旋梯。卧室，又叫"小屋"，必须保持纤尘不染——"床头柜上不许放书！"是我不止一次得到的命令。

我用满十八岁时奶奶给我的钱学了驾驶，教练在新西兰皇家海军舰艇"夜莺号"入口接我。从我和吉尔出生到我们上完学这期间，奶奶每月都给我们一人存1先令，我不知道她是如何做到的。吉尔用她那笔钱给奶奶买了一个电动面包机，我的那笔钱被我用来学车了。后来爸爸给我买了辆福特，用船运到奥克兰——我是为数不多的拥有汽车的女兵之一，对此我感到非常自豪。

我在海军服役期间，奶奶去世了。葬礼那天，我找了个借口从当值的医院出来，但是部队没给我批慰唁假，所以我没能回到基督城参加葬礼。那是我第一次自问我到底在海军干什么。强奸事件后，我第一次开始考虑约会的事，但作为预防措施，我先报名参加了一个在德文港办的防身术班。教练问我："你为什么来上这个课？"

"我想克服恐惧。"

"你害怕什么？"

"男人。被强奸。"

"你被强奸过吗？"

我盯着他的眼睛回答道："是的。"

后来这件事再没有被提起。我想班上其他女性一定也给出过相似的答案，因为我们的教练明显不遗余力地帮助我们学习。从第一晚开始，我们全面地钻研基本生存和防身技能。

"你们再也不会感到害怕，因为现在你们已经具备了保护自己的能力。"教练坚定地说。他教会我们如何见招拆招，如何利用攻击者自己的力量让他们失去平衡。"不要一上来就跑，因为你一定会被抓住。找一个有利的姿势袭击他们的下体——然后再逃跑。"

　　他给我们演示他是什么意思，非常奏效。几节培训我们如何就位、如何保持平衡的速成课后，大招来了——"抓着蛋，扭半圈，拽！"他喊道，"跟着我做！抓着蛋，扭半圈，拽！"我们练习拽他绑在大腿上的一只袜子，袜子里装了两个球——比正常的睾丸要略大些，不过我们瞬间掌握了精髓。做"拽蛋"练习时，我们都开始大笑。渐渐地，我们找回了自信。

　　课程结束时，我不再感到恐惧。交男朋友可以重新提上日程了，因为从今以后我有王牌在手。

❧

　　在海军医院做护士是让我真心享受的事情。第一年我们每天上午都去上课，从 1959 年出版的 508 页大厚书《皇家海军卫生员手册》中学习知识。这本书涵盖了许多理论知识和病例，包括临终照护、外科手术、口腔外科、精神病学、药理学、毒理学等。我们在妇科、男科、外科、手术室和一个小型的隔离病房都临床实习过。我们的训练囊括了一个被派到海上的卫生员所应该知道的一切。那么，为什么我们结束三年的培训后却得不到任何资质？我们为什么不能被转接到奥克兰的大医院里，继续深造成为注册护士？我们为什么从来没有像男兵一样真正地出海？从 1986 年起，女性终于可以在海上服役了，一开始只能在非战舰上，后来

055

扩大到了所有船型。

我被举荐报考女子皇家海军军官，但我并不感兴趣。布朗护士长把我调离病房，安排我去了手术室，她相信我有能力胜任手术室护士的工作，希望我能坚持并稳定下来。我确实努力想要做好，但正如姥姥多年以前所说的，我就是做不好。

度过两年半严格要求、限制颇多的军旅生活后，一天早上，我收拾行囊，把行李装进我的福特车里，向南方开去。我要回家。海军警队给我爸爸打电话，说我是擅离职守，如果我出现在内斯比，请他立即联系他们。爸爸可不是被吓大的，他答道："如果她回到家，她可以待在家里。既然她离开了，就证明她显然不愿意待在海军部队！"

幸运一路伴随着我穿过北岛，但他们在渡轮码头抓到了我。两个全副武装的海军军警拘捕了我，场面甚是壮观，然后我们三个挨个儿挤进了我的小车。他们命令我开车，开回德文港去！

我们一回到部队，我的车就被锁进了指挥官的车库里，我被软禁了。这意味着我虽然不用坐牢，但有一个军警夜里在我房门外值守，每天白天还要监视着我在医院工作。我每晚 11 点 59 分都必须向那名警官报告，雷打不动。我一度要做双倍的工作，但没有酬劳，还在长达六个月的时间里被取消了假期。我是首个擅离职守的女子皇家海军军人，可能也是唯一这么做的女性。我告诉我的辩护官，我从来没打算完成三年服役，所以也就无所谓擅离职守。但事实证明这么说真是大错特错。我立刻被告知我会被指控逃离部队，而这比擅离职守可要严重得多。

我在基地溜达时，别人都公然叫我"脚底抹油的家伙"，意思是又滑头又拈轻怕重不愿干活。我知道我自己既不滑头，也不拈轻怕重。

不久，我获准向海军准将请求离开军队。在我的辩护官科林斯军士的陪同下，我走进一间屋子，站在准将面前的垫子上，而他站在一张桌子后面。我敬了礼，报了我的名字、军衔和编号，然后说明了我的请求。因为我尚处惩戒期内，请求离开被通过的希望微乎其微。

我的申请确实没有被批准。我记不清我面对了准将多少次，但最终他的态度缓和下来，我可以离开了。他告诉我他对我多么失望，我多么给海军丢脸，特别是给女子皇家海军服务队丢脸。他说我以后会一事无成。他的批评狂轰滥炸而来——他根本不了解我！

那是 1966 年 11 月，我的海军生涯结束了。在我的整个海军生涯中，高光时刻是我在美国潜艇"射水鱼号"度过的那一天，我们在豪拉基湾下潜，我成了一名光荣的潜艇员。

我离开的第二天，海军部队里的一个朋友送给我一只两岁的德国牧羊犬，名叫雷娃。他觉得我在长途跋涉回家的路上不仅需要陪伴，还需要保护。我把我的小福特车后座塞得满满的，雷娃警觉而兴奋地坐在前座，就这样驶离了奥克兰。我们出发了，一路向南——南到超乎想象——到了斯图尔特岛，那时爸妈在那里经营着奥本旅馆。

书店里的故事

—

只要绿皮书

我的第一间书店开在马纳普里，叫"南纬45度以南"，当时在那片区域远近闻名。靠墙一排的书架上陈列着日渐增多的各种图书，有些书架做得很专业，其余都是兰斯给钉到一起的。

一天，一个中年妇女走进店里，一句招呼都没打，就开始挑一些绿色书脊的书拿下来。她垒了高高的一摞，都快把我的书架搬空了。我觉得有些奇怪，其中必有蹊跷。

"这个书单挺有意思。"我终于开口了，"你有没有发现其中一些非常珍贵……也非常……贵？"

"哦，我不在乎花多少钱。"她答道，"我只看颜色。我刚搬了新家，想找一些和书房颜色匹配的书。"她这么说着，面带微笑。

我从来没听说过书要和书房的颜色匹配。我站着，看着她，完全难以置信。我万分惊愕，目瞪口呆了有足足20秒，才努力说出："不行，我的书必须是用来读的！我决不会把我的书卖出去只为了装点门面，然后吃灰，一本也不能。你休想买这些书，我一本都不卖！"

"我会付钱的！"她说道，也大吃了一惊。

"那我告诉你，我不卖。"我不客气地说，并开始把那些书重新往书架上摆。

她收拾了自己的东西，冲出书店。

搭配书房的颜色？！休想打我书的主意！

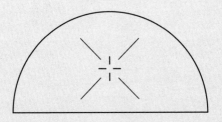

- Chapter 7 -

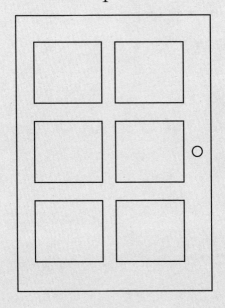

第七章

———

斯图尔特岛及遇见兰斯

爸爸在报纸上看到一则启事，说斯图尔特岛的奥本旅馆招聘经理，最终他成功拿下了这个职位。妈妈和爸爸开启了又一场冒险，开始经营这家濒临倒闭的旅馆——在上一个经理某一天突然就那么走出旅馆、离开了这座岛之后。

　　他们带着猫咪贝斯威克和鹦鹉弗洛伊德从布拉夫出发，乘渡轮穿过福沃海峡。爸爸做的第一件事就是当场解雇了所有人。我只听到他说："好了，你们这些家伙，收拾东西走人吧。假期结束了！"

　　旅馆拾掇得焕然一新，雇了新员工，门前辟出一座小花园。旅馆重新开张了。妈妈负责食宿和餐厅生意，爸爸则经营着酒吧。他干得得心应手，上啤酒，打牌，有时候他同时玩着好几局尤克纸牌，这些牌摊在酒吧里一字排开。沉寂了一年后，他又开始唱歌、吹口哨了。

　　我带着新领养的狗狗雷娃来到岛上，立刻成功受聘为厨师。那时候岛上还没通电——每家都有发电机，到了晚上就关掉。我们做饭几乎都是烧煤，因为煤气太贵了。岛上的一切用度都是用渡轮运来的，偶尔也从因弗卡吉尔用飞行艇运来。

旅馆厨房丰富的煤炭储藏用来烧饭极好，但这也意味着早上很早就要把炉火生好，这样才赶得及做早饭。商人们——来自我们叫作"内陆"的地方——平时待在旅馆里，周末回家，于是我们也像招待日间过来的游客那样满足他们的需求。遇上天气不好的时候，我们只需准备接待少量的客人，因为他们许多人经过一路的海上颠簸，正在晕船，还要在岛上待四个小时，坐在休息室里，为回去的旅程做好心理建设。

忙的时候，妈妈会到餐厅去帮我们的女服务员丽塔干活。一天，店里忙得离谱，妈妈匆匆忙忙跑进厨房，手里举着她的上排假牙——正正好好从中间断成两截。我们迅速把它粘好，放进烤箱烤干。爸爸冲进厨房，眉头紧锁……这不是个好兆头。"人们都等着上菜呢。来来，快快快！"然后他注意到妈妈没了上牙。"别急，"他说，"别说话也别笑就是了。我们是给他们提供食物的，不是逗他们开心的！"我们把假牙从烤箱里拿出来，放在冷水底下冲洗，妈妈又精神焕发地跑动起来了，仿佛什么都没有发生过。

每天晚上我都会削好第二天用的土豆，装满一大锅，再在浸泡土豆的水里放一块煤，这样可以让土豆保持洁白。我会做司康饼、苹果布丁、小圆饼和马德拉巧克力蛋糕，不用照着配料表配比。切肉、打鱼肉泥，随手摆弄就是一道快餐，用它们来迎接每一个晚来的工友。

我在斯图尔特岛上度过了二十一岁生日。妈妈发出了正儿八经的请柬：

诚挚邀请您前来奥本旅馆参加露丝的二十一岁生日宴，您的到访将使我们备感荣幸……

爸妈送给我一台半导体收音机，许多未到场的朋友都发来电报，几个应邀前来的当地人还在宴会结束后和我们一起吃了晚餐。妈妈在印有奥本旅馆信头的信笺上写了一份特别菜单，爸爸慷慨地开了两瓶冒着泡泡的克本斯特酿葡萄酒。

这时候，爸爸已经把酒吧经营得风生水起，旅馆已然成了这个小渔村的中心。

1967 年发生了三件大事。第一件事，新西兰在 7 月引入了十进制货币。第二件事，持续了五十年之久的 "6 点钟禁酒令" 在 10 月废除了，67% 的人为 "酒吧晚上 10 点关门" 投了赞成票。第三件事，以下短讯出现在了当地的公告栏：

最新消息：兰斯·肖先生和露丝·霍布迪女士订婚。

我遇到了我的一生挚爱。

兰斯·肖曾是个渔夫，在"罗莎琳德号"上为米基·斯夸尔斯工作，沿着洛兹河捕捞鱼虾。他穿着及大腿的长筒胶靴，还有牛仔裤，头发和胡子都是黑色的。有时他会来旅馆喝一杯。我和丽塔会看着他从旅馆穿过马路，走到码头或走进岛上唯一的商店。他是岛上最帅的小伙子。

有时候，小小的社区舞厅会举办舞会，来跳舞的主要是渔夫和他们的妻子，还有单身的渔夫和极少数的单身女孩。一天晚上，我看到兰斯坐在地上，背靠着墙，弹着一把红色的吉他，一个大胸女人懒洋洋地坐在他身旁。我觉得他那天晚上甚至都没注意到我；我没有这样的胸，无法引起他的注意！

我们俩都不记得我们的第一次约会了，但很快，我们就开始频繁见面。我感到我生命中终于有一件事情是真实可感的了——我已坠入爱河。接下来的一年里，兰斯面对着爸爸在许多场合的怒火，总是用他一贯的彬彬有礼来回应。妈妈很喜欢兰斯，但爸爸一旦遇到女儿们的事情，就会开启骄傲的老孔雀模式。

1951 年 3 月，斯图尔特岛开通了航空服务，到了同年 10 月，两架飞机从因弗卡吉尔飞来，同时也服务着瓦卡蒂普湖和蒂阿瑙湖地区，这开辟了峡湾许多不为人知的偏远之境。新发现了五座湖，120 多个着陆点从 52 个获批的水道中被挑选了出来。

1968 年 10 月，智力问答类节目主持人赛尔温·图古德(Selwyn Toogood)来到岛上，那可是个大场面。他和他的节目《十拿九稳》（ *It's In The Bag* ）在全新西兰无人不知无人不晓。一大群人聚集到海滩上，迎接载着这个人格魅力大、体格也大的人的飞机着陆。飞机驶近，我们注意到轮子放了下来，然后惊恐万分地看到它的机头栽到水面上。

水流冲破挡风玻璃，白色的泡沫迅速淹没了飞机，冲进机舱，然后飞机消失不见……我们都惊得瞠目结舌，直到飞机再次浮出水面——机头朝上，才松了一口气。一些渔夫奋力开着他们的小艇向飞机冲过去，而机上的乘客则挂在安全带上，头距离水面仅仅几厘米。

飞行员迅速完成自救，并帮助乘客们艰难地爬出来，上了小艇——除了赛尔温·图古德。这个可怜的家伙块头太大了，根本无法爬出舱口。我们在海滩上焦急地看着。飞机渐渐开始下沉，两个人跳到舱口，用了好大的力气，可算把他给拽出来了。我们尊贵的客人就以这样一种随随便便的方式落地了！

他的衣服需要烘干，但妈妈在岛上找不到一件衣服大到足以让他穿着合身。那天晚上的演出让社区会堂被挤得水泄不通，每个人都在讨论那场飞机事故。赛尔温大步走上舞台，脸上洋溢着热情的笑容，我们都无比振奋，掌声雷动。他裹着一条毯子，妈妈帮他用别针别得严严实实。虽然他没戴眼镜，但仍然热情地欢迎每个人的到来，逗我们开心，就好像什么都没发生过一样。

我那时仍是天主教徒，所以想在天主教堂举办婚礼。于是每隔两周，兰斯都会去见神父——他也是从因弗卡吉尔来的。《教会法典》（Code of Canon Law）里的《异教通婚训诫》（"Instruction on Mixed Marriage"）里是这么写的：

> 应该不失礼数但措辞清晰地告知非天主教的一方天主教有关婚姻神圣之处的教义，特别是其主要实质，即结合和永续性。还应告知非教徒的一方，其信教的配偶有严正的义务保护、保持、实践其信仰，并对任何一个生来就具有天主教信仰的后代进行洗礼和教育。

就是这最后一句话把一切都搞砸了。兰斯只是想和我结个婚而已。他勉强答应成为天主教徒，但直到训诫的最后一天，神父才告诉他，他的孩子也得信天主教。兰斯非常坦诚，他就是不能答应这件事。他的孩子们应该有自由选择自己的路，而不应该由一个他自己都不信的宗教事先安排。

妈妈就是为了和爸爸结婚才成了天主教徒，所以吉尔和我生下来就是天主教徒。我感到如果我背叛这个信仰，就会让她失望——我仍然盲目地沉浸在天主教徒的处世方式中。对这件事，我们没有找到任何妥协的方法，于是一切陷入僵局。订婚也取消了。

此刻我的婚纱已经做好了，请柬也印好了（不过还没发出去），我们的结婚戒指也用爸爸矿上的金子打好了，教堂也订了。一切支离破碎时，我们都惊愕得不知所措。我伤心极了，兰斯也很难过，立刻离了岛。

不久以后，我重新收拾好行囊，装好车，往北向惠灵顿进发。灾难过后收拾行囊、搬家已经成为我年轻生命中的一个主题。

再见到兰斯，已是二十年后了。

书店里的故事

如何不读一本书

　　一对老夫妇来到我的书店，简短的寒暄过后，他们驾轻就熟地开始挑选他们想要的书。老先生待在屋外，有条不紊地翻阅着平放在桌子上和摆在书立之间的书，而他的妻子则仔细研读着屋里书架上的书，用一只手指引导着书行。他们非常安静，全神贯注。过了一会儿，他们一起走到柜台前，两人胸前各抱着一本书，双眼流露出相同的喜悦神色。

　　"你觉得这本怎么样，阿瑟？它有点偏向爱情故事，但其实是一本十分大胆的书——保罗·科埃略（Paulo Coelho）的《十一分钟》（*Eleven Minutes*）。"

　　阿瑟看了看那本书，翻了几下，读了封面上的简介，又把它递回到妻子手上。"不是我们通常的阅读风格。你喜欢吗？"

　　"这是个畅销作家，是的，我还挺感兴趣。"

　　我不知道她是否意识到她所说的"爱情故事"实际上是蕴含在一个年轻妓女极度激情的故事中的。

"好吧，那就它了。这下该看看我找到什么了，乔伊丝。"阿瑟说道，把他挑的书递给妻子。

"又是战争故事。"乔伊丝看着，有一丝难掩的失望。

"这本书会很好读的。你觉得呢？"

"没错，我们就拿这两本了。"达成一致。

至此，有几个问题浮现在我脑海中。"所以你们一起买的所有书你们两个人都会读吗？"

"是啊，这才是读书的乐趣所在呀——我们会讨论每一本书。"乔伊丝回答道。

"你们有没有过刚读就放弃一本书？"

阿瑟震惊地看着我："不，不，那根本不可能。每本书我们都读了的。"

"那要是你们并不喜欢的书呢？"我追问道，"如今我七十多岁了，假如一本书在开头几章没能抓住我，我就会把它丢到一边。我没工夫读遍所有想读的书，无法做到在一本我不喜欢的书上浪费时间。"

"这对我们来说不是个问题——我们自有一套规矩。"阿瑟说道，"乔伊丝读头 100 页，我读后 100 页，然后我俩再讨论，把中间的部分补齐。"

我反应了好一阵儿才弄明白他说的。乔伊丝站在他旁边，赞同地点点头。"这很奏效，"她说道，"而且这意味着我们可以有时间去读更多的书。"他们估计他们两人每周能读五本书。

"那书里的故事呢？"我问道，"可能会出现新的人物，或者可能会在中途出现难以置信的情节突转，开头出现的某个人可能会在中途被写死，甚至到了结尾都不再被提及……"

乔伊丝打断我："没关系，真的。我们会补齐故事的。"

我收了他们 8 美元。我一边把钱放进盲人基金会的收纳盒里，一边说："我真的会考虑尝试一下你们的阅读方法的。我很高兴那对你们有效。你们希望我给你们剧透一点点《十一分钟》的中间部分吗？"

"哦，不要！"他们两个立刻大叫道，"你会毁掉整个故事的！"

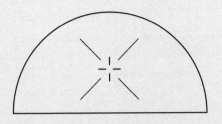

- Chapter 8 -

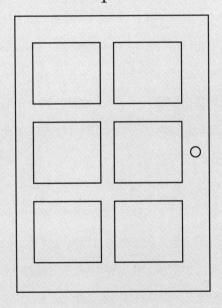

第八章

为大主教做事

我到了惠灵顿就停了车，和我的姨妈姨父住了几天，同时找找工作。那是 1968 年。我怀孕时就是和他们一起住的，所以他们习惯了在我修补自己破碎不堪的生活时照顾我。我亲爱的乔伊丝姨妈一如既往地富有同理心。"哦，露丝，我十分确定你安定下来了。兰斯听起来那么棒。"姨父也以他自己的方式给了我支持："又起锚了，孩子？"

　　我应聘了在桑顿吉尔福德街的圣心教堂给神职人员们做厨子的职位。伯纳德·托蒂·托特曼神父面试的我，他说我准保能胜任这份工作，但不太放心我的年龄，因为我只有二十二岁。在神父住宅工作的女性通常都比我年长不少，而且因为还有四个年轻神职人员住在教堂里，他说他得和麦基弗里大主教讨论一下。

　　第二天，托蒂确认我得到了这个职位。我搬进位于神父住宅后面的独立公寓，开始为六个饥肠辘辘的人做饭。卡西是这里的管家，她是一个老妇人，每天早上来得很早，这样就可以在开工前去望弥撒了。她全身心地投入工作，对神职人员们极其维护。

起先她觉得厨房里有个年轻姑娘一起工作很艰难，但后来我们成了好朋友。（虽然我不是每天都去望弥撒！）

托蒂是个开心果。他跑步到神父住宅，沉静而慈爱，对每个人都充满了鼓励。我把厨房和餐厅擦拭得纤尘不染，把食品储藏室整理好，向每个人介绍我新开发的菜品，他们都很喜欢。

麦基弗里大主教会独自用早餐，因为他喜欢等其他人都吃完再吃。我会服侍他用餐，经常坐在大桌子的另一头和他聊天。他说我给这间屋子带来了阳光，他喜欢我一边工作一边唱着歌的样子。我从来没跟他说起过兰斯，提起他还是会让我感到很难过。大主教问我为什么没有男朋友。"为什么来这儿给我们做饭呢，露丝？或许你可以做一个修女。你考虑过吗？"我告诉他我的确有过这种想法，不过只是暂时的！

卡西休假时，由我为大主教整理床铺，打扫办公室。他的衣橱里挂着几件有着漂亮刺绣的法衣，还有一顶主教冠，收拾得整整齐齐，平放在一组内置抽屉上面。我情不自禁地把主教冠戴在自己头上，站在那儿端详着长镜子里的自己。

"不太适合你，露丝——看起来太大了。"大主教出现了，站在门口，咧嘴笑着，"可能你太矮了，不适合戴这样的帽子？"

一进入 12 月，我就做了圣诞布丁，存放在食品储藏室，隔几天就给它喂点白兰地。它闻起来可真香。圣诞对于神职人员来说可是极其忙碌的时节：人们带着礼物过来，拜访神职人员和修女，多了加场的弥撒、诵经，以及额外的唱诗班练习和家访，来忏悔的教徒也比平时多。

圣诞大餐 12 点半开始：一共四道菜，摆在布置精美的餐桌上，并且每个神职人员都有礼物拿。给大主教准备什么礼物让我犯了难，最后我给了他两条金鱼——装在一个盛满了水，还放了水草和石头的大碗里。乔伊丝姨妈大为震惊："露丝，你不能给一个大主教送金鱼当圣诞礼物！"

"姨妈，"我答道，"你尝试过给一位大主教买圣诞礼物吗？"

圣诞大餐充满欢声笑语，大家推杯换盏，互换礼物。大主教很喜欢我送的金鱼，这令每个人都非常惊诧——除了我。终于来到了圣诞布丁环节，它和白兰地酱及奶油一起被端上来。我用一把深汤勺在煤气上加热白兰地，然后把它送进餐厅，浇在布丁上。大主教手里拿着火柴，等待将它点燃。火一碰到布丁便立刻像个小型炸弹一样燃烧起来，蓝色的火苗围着整个布丁雀跃着，直舞到下面的盘子里。托蒂惊慌失措，把他的亚麻餐巾扔进火里。餐巾烧黑了，不过它确实灭了火。震惊过后，我们都哈哈大笑起来。没有烧到大主教的"圣手"，这让我松了一口气。我也受邀和他们坐在一起享用美味的布丁。

12 月 30 日，我收到一封大主教的来信：

> 每年这个时候，我都会依例通知神职人员们来年的各种调动
> 和任命。调动一般不会涉及管家……因此，我决定不给你做职位
> 调动，而是请你在新的一年继续留在圣心教堂。
>
> 我一直认为神职人员，尤其是年轻神职人员，应该吃到最好
> 的食物，且要多吃。我希望你在接下来的一年里能特别注意这一点，
> 确保我们这个大家庭里的每个成员，以及所有不时到访的人都能
> 享受到我们教堂理应提供的最好款待。
>
> 我知道这是你来到这里所一贯秉承的宗旨，请你继续保持，
> 再接再厉，如果可能，希望在来年有所突破。我注意到教堂里的
> 神职人员都非常优秀，所以我仰赖你为他们提供这些优秀的人应
> 得的款待。
>
> 你诚挚的，
>
> 大主教

我待到了第二年 4 月。彼时大主教成了新西兰首位红衣主教，
我能感受到不断进步的需要日益迫切。托蒂写了一封充满溢美之
词的介绍信，年轻的神职人员们与我拥抱道别。我开启了又一段
旅程：扬帆起航，环游太平洋。

·书店里的故事·

拖拉机人生

乔治是我们当地的药剂师。他和妻子米歇尔开的药店在蒂阿瑙，离马纳普里20分钟车程。他曾经很喜欢开飞机，把这当成一项爱好，但是在一次令人胆战心惊的事故后——他说那让他"痛极了"。他"移情别恋"爱上了快艇运动，并成了兰斯的"诺雷克斯22号"上的一名船员。

乔治和米歇尔在蒂阿瑙一处1.5公顷的地皮上建了一座房子，乔治趁此机会买了一台弗格森拖拉机，和埃德蒙·希拉里爵士（Sir Edmund Hillary）开到南极洲的那台相似。乔治从皇后镇一个江湖骗子的手上买到了这台拖拉机。这个人很显然是以次充好，并给这台拖拉机上了红色的漆，盖住了它仍然依稀可辨的灰色。

乔治主要用他的拖拉机来运送货物，享受着四处奔波时发动机的轰鸣，梦想着再过十四年就能退休。他买了一台除草机，现

* 埃德蒙·希拉里（1919—2008），新西兰登山家、探险家，1953年与同伴创造了人类首次登顶珠穆朗玛峰的壮举，随后返回伦敦，被英女王伊丽莎白二世封为爵士，后于1958年驾驶自己改装的拖拉机从陆路穿越南极洲，抵达南极。——译者注

在正在找一组悬挂式圆盘*，这样他就能建一座菜园。他的梦想是种很多很多的蔬菜，目标是成为蒂阿瑙的"西蓝花大亨"或"土豆大亨"。

他最喜欢的书是《云端花园：一个绝望的浪漫主义者的自白》（*The Garden in the Clouds: Confessions of a Hopeless Romantic*），2011 年国家信托户外年度好书。这本书他至少读了四遍。书的作者安东尼·伍德沃德（Antony Woodward）买下了泰尔-菲农——位于威尔士布莱克山海拔 400 米处的一座小小的荒废农场。他在书中讲述了自己极富雄心壮志的梦想：一年内，在威尔士山区打造一片适宜隐居的世外桃源，能载入有口皆碑的"黄皮书"——《英格兰和威尔士慈善花园名录》（*Gardens of England and Wales Open for Charity*）。

乔治喜爱伍德沃德的这本书，因为作者不仅有台拖拉机，还做了那么多疯狂的事情，也许有点像乔治自己。我也很喜爱这本书，因为它用极其幽默的笔触写成，而且充满了非常有趣的故事。

乔治在找另一本书来读，显然有一本书是他的绝佳选择，那就是玛丽娜·柳微卡（Marina Lewycka）的《乌克兰拖拉机简史》（*A Short History of Tractors in Ukrainian*）。它讲述了尼古拉——一个八十四岁的乌克兰老头——爱上了年轻的乌克兰女孩瓦莲京娜的故事。他们结婚了，这激起了超出尼古拉身体能力的一些性幻

---

* 整地器械悬挂式圆盘耙的组成部件。

想。整本书中随处可见尼古拉创作的一些关于拖拉机历史的短篇，我知道乔治一定会喜欢的。

我深信每个人都有一本适合自己的书，而这本绝佳的书总是能在我这间不足1000册藏书的小小书店里的某个书架上找到，这令我无比惊喜。

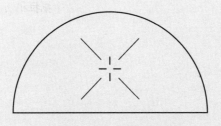

- Chapter 9 -

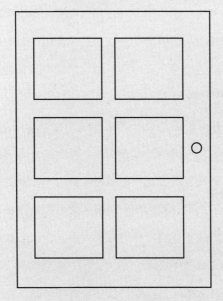

第九章

上船啦!

在神父住宅快乐工作的同时，我也在努力走出生命中过去几年的艰辛所带来的与日俱增的绝望。我所能做的只有继续向前，不断把我脑海里的恐惧甩在后面，因为它们在我保持静止太久不动时可能会随时将我淹没。

兰斯怎么样了？我的儿子怎么样了？根据1955年的收养法案，只有儿子满二十一岁后，我去找他才算合法——一辈子的距离。不断增长的渴望啃噬着我。我会看着人群中一个陌生孩子的脸，想着那个男孩子是不是我的儿子。很久之后我才会发现，在我停留在惠灵顿的那些岁月里，我的儿子，由一个天主教家庭收养，就住在离我仅仅10分钟路程的地方。但是在当时那个阶段，一切都仿佛能让我患上幽闭恐惧症。我必须离开，而且要比原来走得更远。此次离开新西兰的机会，给我带来了逃离与日俱增的绝望的理想契机。

"卡蒂萨克号"是当地一艘有名的游艇——其名字来源于一艘十九世纪的帆船——于1946年，即我出生那年，从利特尔顿启航。

这艘船的建造花了数十年。亨利·琼斯十九岁时在纸上画出了该船的草图：船身长 60 英尺（约 18 米），船横梁长 12 英尺 6 英寸*（约 3.8 米），重 48 吨。1929 年从英格兰订的 8 吨英国橡木直到 1931 年才运来，接下来这些木头在基督城的红崖堆放了七年，变得坚硬无比。两根俄勒冈的柱子从美国运回来，用作最初设计的双桅帆结构的主桅和后桅的桅杆。

船的内部还配有一架钢琴，就摆放在为亨利·琼斯的妻子准备的交谊厅里开放式壁炉的旁边，船舱尾部还有一间浴室。总的算来，这艘船的建造总共用了二十三年，花费 3 万英镑。

我 1969 年成为它的船员时，它成了一艘单桅帆船，使用的是马可尼高桅单三角帆配置，还配备了一台 44 马力的福特森发动机。它共有 11 块帆，包括 3 块亚麻风暴帆。大三角主帆有 2000 平方英尺（约 186 平方米），侧帆是 1250 平方英尺（约 116 平方米）。"卡蒂萨克号"在 1953 年被卖给了比尔·布拉德利。他用这艘船参加了从旺阿雷到努美阿的比赛，还有从悉尼到霍巴特的比赛。在最早期的悉尼到霍巴特的比赛中，所有的赛艇都是用木头做的——各种大排水量的小艇、单桅帆船、高低桅小帆船、纵帆船、双桅纵帆船更多地被设计用于游览观光，而非比赛，而"卡蒂萨克号"正适合比赛。

1966 年，巴兹尔·弗莱明成了这艘船的主人，他的梦想是横

---

* 1 英寸 =2.54 厘米。

渡太平洋。

我们于 1969 年 6 月 29 日离开惠灵顿，那是我二十三岁生日的前一天。船驶至拐子角和内皮尔之间时，我正经历着剧烈的晕船和轰轰烈烈的腹泻。我挣扎着系上安全带，把自己绑在船尾的栏杆上，脱去下装，把屁股露出来，好被海浪冲刷着。我望着前方，注意到有烟从中间的舱口冒出来，但我病得太厉害，火都要烧到我的屁股了，我也实在没有力气喊出"着火了"这几个字。两个人来救火，而我紧紧抓住栏杆，惊恐地瞪大双眼，腰部以下都光着。某个地方漏油，滴到裸露的电线上引起了这场火灾。生日快乐啊，露丝！

我们在内皮尔停留了两天，虽然短暂却受到热情的款待，但在离港二十四小时后，我们就被一阵南面来的时速 55 节的狂风袭击了。这一次，大半的船员都和我一起死死抓住栏杆。不过到了第三天，我不晕船了，海水平静下来，太阳出来了。多么瞬息万变啊，前一秒你还几乎想从船舷翻下船去，下一秒就体会到了在广袤慵懒的蓝色海洋正中活过来那无比的喜悦！

我喜欢甲板上的工作，刺激、惊险，虽然在换厚重的帆时常常是危险的。我喜欢站在甲板上望着星空，听着大海的声音，还有风帆和绳子令人惬意的唠叨。从孩提时代算起，我第一次感受到了自由。

接下来的四个月里，我们随着信风航行至库克群岛，接着来到社会群岛（包括塔西提岛、莫雷阿岛、胡阿希内岛、赖阿特阿岛、塔哈岛以及波拉波拉岛），然后绕过帕默斯顿环礁，到达美属萨摩亚和西萨摩亚[*]。太平洋这部分地区的气旋季从 11 月一直持续到次年 4 月，所以我们计划在 10 月下旬到达斐济首都苏瓦。

我们把船尾系在沿塔西提岛帕皮提港口而建的主干道的岸边时，正值 8 月。我在日记里写道："收到 15 封信。钱花完了，新西兰币不值钱，剩下的美元只能兑 95 法郎。每一样东西都很贵，几乎没有人讲英语。"

我需要找到一条能赚点儿钱的路子。做船员没工资拿，我们都必须为糊口出一份力。爸爸曾经告诉我，解决问题的办法总是在不远处——你只需要寻找机会。商场离船不远，步行就能到。我每天早上都去，因为我们停下来就是为了买新鲜水果、蔬菜，还有鱼。那些摊贩开始认得我了，虽然我们无法用英语、法语或塔西提语交流，我仍然设法在地面上开辟出了一小片空间以维持日常用度。我随身带着三副纸牌——是时候发挥它们的作用了。

我在一个卖贝壳、雕塑和龟甲的高大的塔西提土著女人旁边摆了个摊儿。在一个年轻男子的帮助下，我用法语写了个招牌："纸牌游戏——来学玩'二十一点'吧！"赌博是违法的，所以钱的事只字未提。

第一天上午，我开始教人们玩二十一点。欢声笑语不断，吸

---

[*]　即今萨摩亚独立国。——译者注

引了一大群人。第二天上午，一群人在等着我把纸牌摆出来。他们围着我蹲下来，把钱放在面前，用宽松的衣服盖住。没有讨价还价——我们都知道我们在干一些非法的勾当。一个男人冲我笑着，小心翼翼地左看看，右瞧瞧，然后点点头。我没动，只是慢慢抬起头，看到他在我们周围都安置了望风的人。他敲敲地面，示意"游戏时间到了！"。

我们在集市玩了三个上午，然后在傍晚时分转移到海滩上。如今我已经挣了5000法郎（50美元）了，于是我花395法郎给自己买了一双凉鞋，又花了250法郎买了一条沙滩巾。

第四天清晨，我迫不及待地来到集市上，但立刻发现有点不对劲。我的摊位空空的，没有一个人，也没有人望风了。我知道我有麻烦了。我刚转身要走，就有两个警察拦住我，指指他们的车，很显然，我被逮捕了。

因为没有把赌博的我抓个现行，他们转而以流浪罪拘捕了我。我身上只有200法郎。我的护照一落地就由移民机构盖了章，所以我在法属波利尼西亚是合法的，但我把护照落在船上了。带我去取护照应该很容易，但很显然没这个选项。审问我的警官说英语，所以我问他我可不可以给新西兰方面打电话，由受话方付费，那样他就能知道我是谁。他同意了。由于时差，当时新西兰应该是早上6点，但神奇的是，我爸爸起床了，接到了电话。

"这里是帕皮提警察局，先生。我们抓了你的女儿，流浪罪。"

简短的谈话过后，警察问我爸："你有钱给她买飞回新西兰的机票吗？"

片刻的停顿，然后警官摇摇头，放下电话，惊讶地看着我。我父亲告诉他我能照顾好自己，然后就把电话挂了！没错，这就是我父亲能干出来的事。我都见怪不怪了。

"他说得对——我可以照顾我自己！"我厉声说，"带我回船上去。你们会看到我的护照，还会看到我自己有钱。"

这时，当地人已经告诉我在船上的同事们我被捕了，几个同事来到警局。他们证明我不是流浪者，于是我被释放了，但我们得到命令必须离开塔西提岛。海关和移民机构办好我们的离境手续后，我去集市上买吃的，为接下来前往胡阿希内岛的 210 公里的旅途做准备。我找到我的赌友们，悄悄给他们中的一个塞了一副牌，匆匆道了个别。

从波拉波拉岛返回艾图塔基岛是一段为时六天的漫长海上旅程，天气非常炎热，只有微风缕缕。我的日记里写道：

我们靠岸后，人们告诉我们，一个九岁的小男孩刚被从水里拖上来。我冲过去，感受不到脉搏了，我清理了他的喉咙，开始口对口人工呼吸。我继续做着，直到一个医生到来，宣布了他已经死亡。极其沮丧。

下一段：

我需要在 8:30 写一篇陈述，然后参加 13:00 关于死因的询问以及接下来 14:30 的葬礼。他被葬在他们屋前花园的一座小坟墓里。他的家人对我非常好，想送我礼物。我忍不住想哭。

直到我们抵达美属萨摩亚，我们才第一次见到了瑞典的木制巨船"天鹅号"和它的九人组船员。和我们一样，他们也在前往苏瓦避开气旋季的路上，途经萨摩亚群岛和纽阿福欧岛——汤加岛的最北端。

彼得，一个来自澳大利亚的记者，是"天鹅号"的船员。接下来的一个月里，他和我变得很亲密，我们一起在岛上探索，只要有可能就一起待在岸上。当我们抵达苏瓦时，"天鹅号"上的全体船员都离开了船，他来到了"卡蒂萨克号"。

我们把"卡蒂萨克号"开到苏瓦的政府休整码头，因为它着实需要修补一下了——休整是指将船拖出水面去修理或者保养。我和彼得决定在"卡蒂萨克号"回到水里后一起飞往布里斯班，因为我们双方都需要有报酬的工作。令我感到惊讶的是，他向我求婚了。"还等什么呢？"他说，"我们直接结婚吧！"

第二天下午，我们出海了，同行的五个船员，以及巴齐尔，"卡蒂萨克号"的船长。那是一个简短的仪式：我穿了一件休闲的白色裙子，我们互致誓词时我笑得非常开心。虽然这不具有法律效力，但我们计划在澳大利亚定居下来后举办一场正式的婚礼。

我给家里打电话，告诉妈妈我和彼得要离开斐济，飞到布里斯班，因为他得到了一份一家澳大利亚报纸提供的工作。我告诉她我的终身大事，我们订婚了，要结婚——不隆重，可能只是登记一下。

我能感觉到妈妈声音里的担忧。"你确定这样做吗？你认识他还没多久……为什么不先回来呢？"

回家不是考虑的选项，因为我知道，一旦我回去，就会立刻堕入对我儿子没日没夜的思念中。而远离家乡，我就可以完全沉浸在这种高燃热血的生活方式中，这种生活充满了各种冒险，也可以让我设定自己的轨道。

我不能这么告诉妈妈。

不过既然我离开了"卡蒂萨克号"，上了岸，也许——只是也许——我能停止奔波。

书店里的故事

—

比小说还奇幻

英格尔终其一生生活在马纳普里。她的家族多年来拥有马纳普里酒店和露营地，所以她和她的三个兄弟都见证了我们这座小镇的成长。

许多年前，在露营地诸多营房中的一间里，她发现了几箱旧书，这些书过去曾存放在马纳普里的社区图书馆。她开车来到我的书店，欢快地笑着，放下一堆不同寻常的书，包括一本弗兰克·G. 斯劳特（Frank G. Slaughter）的小说，封面非常香艳，是一对男女没羞没臊地抱在一起，衣不蔽体。英格尔特意将这本书挑出来，因为它的书名叫《露丝之歌》（*The Song of Ruth*），她觉得这太好笑了！

但一个有趣的巧合是，前些年，我们一个从英国来的朋友杰夫·加尔文，笔名叫亚当·阿姆斯特朗（Adam Armstrong），写了一本书叫《声音之歌》（*Song of the Sound*），故事背景设置在峡湾和亚南极地区，而且这本书实际上有点儿我的影子，不过大部分其实是写兰斯的。

兰斯，在书中叫约翰－科迪·吉布斯，是主要人物，还有我们租来的那条船——"破浪女孩号"（Breaksea Girl）。这本书的宣传语是这么写的："世界最后一片未开垦荒野中的难忘爱情和冒险故事。"在书中，我的名字是马希纳，不幸的是，马希纳受到了敷衍对待——她在书中很早就被"处理"掉了，好让她强健而富有魅力的丈夫约翰／兰斯能和一个来峡湾研究海豚的年轻女子产生一段狂野的激情。

杰夫从英格兰过来，写那本书时和我们住在一起，就住在和我们房子毗连的小小独立公寓里。一天早上他过来看我，说："露丝，我想我得告诉你，马希纳在书中会很早死去，很抱歉。"

"什么？！你要把我给写死？兰斯，或者应该说约翰－科迪，他对此会作何感想？"

"哦，他会没事的。他找到新欢了。"

"好吧，那还不错——他真幸运！"

这本书 2003 年在荷兰和欧洲其他地方成了畅销书。那时我们刚刚拥有了第一间书店，"南纬 45 度以南"，我卖出了五十本《声音之歌》。我会经常在我们的服务台露面，人们会拿着他们的《声音之歌》等在那里，看到我到来时都热情地笑着。他们是亚当·阿姆斯特朗的忠实粉丝，想看看他居住和写作的地方，也想在我们的后院(书里提到过)走一走——看看那间浴室。(书里也提到过！)

还有一个导演来拜访过我们，他想以这本书为蓝本拍一部电影，还打算在马纳普里拍，在"破浪女孩号"和我们家里取景！我拒绝了在我们家拍的部分，因为我们很珍视我们仅存的这一点点隐私。令人（我们）高兴的是，他们没有筹到钱，所以整件事就泡汤了。

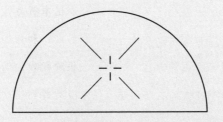

- Chapter 10 -

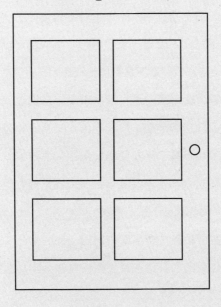

第十章

短暂的盗贼生涯

就在我们的海上婚礼后不到三个月，我怀孕了。彼得和我没有正式结婚，不过这不重要。我们举行了我们自己觉得重要的那种婚礼——谁会在意我们是不是有那张纸呢？

如今回头看，很奇怪的是，我从来没有告诉过我的家人我怀孕了。我也想尽快告诉他们，但同时内心又有一种恐惧，觉得会出什么岔子。我想等孩子平安健康地出生后再告诉家人。爸妈在我身上已经见证过太多戏剧性的事情——我觉得对他们我只能报喜不报忧。

一开始，彼得和我在布里斯班定居。那时候我二十三岁，身上没什么钱，仅有的衣服也都是过去一年在太平洋航行时穿的那几件。

我们在市南郊找了一间小公寓：很便宜，脏兮兮的，也没什么家具，不过好在还有个火炉和冰箱。楼下的公用洗衣房是和楼里另外三套公寓的住户共用的。已经入夏了，因此至少不需要取暖。彼得是一家报社的记者，所以我们的收入足以覆盖房租、食物和用电——还攒钱买了一辆大众甲壳虫老爷车。

　　足足在公寓里收拾洒扫了五天，我也该找一份工作了。没有合适衣服参加面试，也没有闲钱买，我产生了借衣服的想法——"借"可能算是个委婉的说法。计划的第一步是走遍我们附近的大街小巷，尤其要注意每座房子外面挂晾衣绳的位置。最最重要的是，我不能被抓，所以我对每一座有可能给我提供"借"衣服机会的房子都做了详细的笔记。

　　一天，凌晨两点半左右，手里拿着手电筒，兜里揣着纸和笔，我出发了。认认真真记了十二个地点后，我回到家中，仔仔细细研究了一番我之前设计好的问卷。晾衣绳是否便于拿取而又离窗户足够远，好让我不会被发现？它所在的地方光线是否太好，或是离主道或大路太近？

　　十二个地点中只有八个通过了测试。接下来，该搞清楚什么样的衣服可供我"借"。我在地图上标出这八个地点，规划了一条步行路线，好确保我能尽可能快地覆盖到所有地点。彼得在上夜班，所以我可以在刚过零点时就溜出公寓，而不让他察觉。他对我忙活的这些勾当一无所知。

　　在清单上的头四个地点我一无所获——要么就是只挂着男人衣服，要么就是没有合适的尺寸。我就像一个成人版的金凤花姑娘*继续往下一家走去。到了第五个地点时，我成功了，我迅速解

_____

*　19世纪英国童话故事《金凤花姑娘和三只熊》中的人物。——译者注

下了一双长筒袜、一条短裙和一件衬衫。在六号地点我收获了一条绿色印花连衣裙和一个胸罩。

我迅速回到家把门关上，感到兴奋和解脱：这也太顺利了吧！我脱掉褪色的旧牛仔裤和T恤衫，开始试穿那条连衣裙。非常不错，除了有点儿大，不过我有针线，所以轻轻松松就把腰部和领口暂时缝了几针。胸罩简直是为我量身打造，筒袜也是。

第二天早上，我穿梭在各个医院和老人之家求职。我得到了一个后一天面试的机会，是一家很小的老年医院，距离我们的公寓很近，走路就能到。我不小心对彼得说漏了嘴，他哈哈大笑："所以我现在是在跟一个贼一起生活喽？"我以前从来没偷过东西，也没有把自己当成一个正儿八经的贼。我认为自己是一个走投无路的女子，迫切需要找到工作。我暗自发誓，一定会尽快归还那些衣物。

我不仅得到了那份工作——夜班护士——还拥有了两套制服。唯一的问题是医院要求我穿白色便鞋，可我根本没有。上岗日在三天后，这给了我充分的时间解决鞋子的问题。

当天晚上，我把短裙和衬衫还回了五号地点。我在裙子口袋里塞了一张小字条，上面写着："非常抱歉，我借用了你的衣服，因为我得穿得好一点去参加应聘面试。筒袜我不得不留下了，不过我拿到第一笔工资就立马给你买一双新的。"

在六号地点，我又把那条绿色连衣裙挂回晾衣绳上，用木头衣夹夹住，当然是拆了我的针线。这条裙子没有口袋，所以我在裙子旁边夹了一张字条，说我拿到第一笔工资后就会买一件新的胸罩还回来。

鞋子的问题也解决了，彼得给了我 5 美元。当地有很多义卖商店，我找到了一双已经穿得非常旧的白鞋，完全合脚。

说到做到，刚发工资那天，我就买了新的胸罩和筒袜，分别还了回去，夹在各自的晾衣绳上，还附了感谢的字条。虽然整个"行窃"过程行云流水，我还是很庆幸它终于完全结束了。精心布局的兴奋，对付诸实际行动的期待，还有被抓的压力，此刻统统被我抛诸脑后。齐活儿！

上了三周夜班后，我的班次被调到了下午。这下，我不再只是在夜间看护住院病人了。所谓看护，就是夜里带他们上厕所，帮他们换尿湿的床单，照看他们吃药，以及在他们的输液快输完时给他们更换液体。换班后，我有机会在更私人的层面和他们聊天互动了。我的班次从下午两点开始，这也是探视开始的时间。也正是在这时，我领教了短暂的盗贼生涯的后果。

一个经常来访的年轻女子沿着走廊朝兰姆先生的房间走来。她脚步很轻，好像有人告诉她要保持安静一样。她的金色短发剪成时髦的波波头，漂亮的黄色凉鞋和她的裙子完美搭配。当时我从兰姆先生的房间出来，正好看到她走过来。

"天哪！"我瞠目结舌。我认得这条裙子。我深吸了一口气，意识到颜色不一样——这个女子的裙子是蓝色的，而不是绿色。但剪裁完全一样——合身的腰部、喇叭形的裙摆、无袖设计，以及鲜艳的颜色，正取代在二十世纪六十年代席卷西方世界的超短裙和超短裤。

"嗨，露丝。爷爷今天怎么样？"女子问道。

"像平常一样豪放。他已经巴巴儿地等半天了。"我犹豫了一下，问道，"裙子好看——在哪儿买的？"

"在沃德尔街那边的小购物中心——美发店旁边那家。"

"哦，我知道那家店，我就住那附近。好了，我该走了，好多活儿等着呢。"我忙于掩饰，冲进旁边一间屋子后，心仍然怦怦跳个不停。

发工资的日子到了，既然如今手头宽裕了，我赶紧向沃德尔街的商店走去。我决心从那间时尚小店买一条裙子，不是随便一条裙子，而是我的那条"窃贼裙"。

挂衣架靠墙伸展开来，神奇的是，那条"窃贼裙"居然有至少四种不同的颜色。

"需要帮忙吗？"店员问。

"我想试试这条裙子，有十码绿色的吗？"

"这条裙子卖得非常火爆，一定是因为漂亮的花朵和美妙的裙摆搭着里面的衬裙非常漂亮。"她看了看挂衣架，叹了一口气，"真抱歉，十码的绿色没有了，只有蓝的了。一位女士前不久刚买走两条，一条绿的，后来又买了一条蓝的。据说她先前买的那条绿色的晾在晾衣绳上被人偷走了。谁能想到这个地方居然会发生这种事啊？那个人还偷了她的胸罩！"

"简直不可思议，"我含糊道，感到一种可怕的沮丧，"那我试试蓝色那条吧，麻烦了。"

裙子非常合适，虽然有一点点超出了我的预算，不过我仍然决定再买一条漂亮的白色蕾丝衬裙。

"那位可怜的女士非常沮丧。"店员继续聊着，"诡异的是，就在她买完那条蓝色连衣裙的第二天，那条绿裙子又出现在了晾衣绳上！还有一封信！那个偷裙子的人写了一个奇怪的理由，说是为了穿它去面试。这故事编得精彩吧？可怜那位女士，她爷爷前不久刚送进养老院，我真替她感到难过。现在她觉得有人在监视她的住所，夜里害怕得很，而且呀——"她故意顿了顿，制造了个悬念，"她晚上洗完衣服都不敢晾出去了，这是最不方便的。"

"为什么呢？"我问道，努力表现得不那么好奇。

"她一个人住，一周工作五天，休息时还要去看爷爷——她爷爷心脏不好，她还要照顾奶奶，她奶奶还住在城北自己家里呢。"

我拿起包好的衣服，冲着店员笑了笑，满怀愧疚地慢慢往家里走去。对我而言，那似乎只是个解决燃眉之急的权宜之计，没有任何损失。可是，这却给我"罪行"的受害者留下了恐惧和被人监视的感觉。

不管我怎么想，要解决这整件荒唐事并消除那个可怜女子的疑虑，只消做一件事——但必须精心布局。

爱德华·兰姆八十九岁，生于 1881 年。年轻时他很高，又瘦又帅，从他房间里的家庭照就能看出来。他现在还是很高很瘦，但是走路时弯着腰、驼着背，头发也灰白稀疏了。我喜欢他，因为他是个健谈的老先生，尤其爱聊他在布里斯班的成长经历。他告诉我他在 1897 年十六岁时参加了昆士兰海防部队，因为我也参加过女子皇家海军，我们有很多共同点，都喜欢船，喜欢航海史，喜欢大海。

一天早上，从商店回来后，我为他整理着床铺，他则坐在窗户边的扶手椅上。我低着头，一边全神贯注地把床单拉平，一边轻声地问他的孙女什么时候再来看他。

"凯瑟琳一般都是星期日下午两点来，你知道的呀，露丝。"

"是啊，抱歉，我今天有点紧张。我想告诉你一件我做过的事，这件事让我很羞愧。"

这不是我解决这件事的计划，我本来觉得正确的处理方式是面对面地告诉凯瑟琳。

"我们每个人一生中都有一些不光彩的事。"爱德华说，"有很多次我都感到我让别人失望了。重要的是要从中吸取教训。不管是什么事，你从中吸取教训了吗？"

我点点头，然后在他椅子旁边的床沿上坐了下来。我本来不想哭的，可是我的泪水止不住地在眼眶里打转。

"好啦露丝，好孩子，到底怎么了？"

我一开口，整件事便像倒豆子一样涌出，没有一丝保留。虽然这也是一种解脱，但我还是担心我毁掉了我们之间的友谊。

"乖乖啊乖乖，真是一桩奇事。"这个老人温柔地说，"我想我们可以这周日和凯瑟琳把事情说开，你觉得呢？"一双灰色的眼睛温情脉脉地注视着我，他伸出手来拉着我的手，用力握了握，然后出人意料地哈哈大笑起来。他这样，我哭得更厉害了。

"来，我们这么办。"他说，"凯瑟琳下午两点过来，你就两点半茶歇的时候过来看我们。不过有个条件：你得穿着你那条所谓的'窃贼裙'。"

他说这番话时，眼睛里闪过一丝温情但狡黠的光彩。

那个周日，我走进爱德华的房间，凯瑟琳抬起头，看见我的裙子，笑了起来。"所以你还真去买了一件啊——你穿着很漂亮。"

我向她道了谢，坐下来。爱德华给我倒了一杯茶，旁边还放了一个盛了一块橘子蛋糕的小碟子。

坐在爱德华对面的是他的朋友詹姆斯，是老人院里另一个我很喜欢的患者。他是苏格兰人，大半辈子都在从事法律工作。他清了清嗓子，在椅子上正了正身体，然后说："爱德华·兰姆坚信，在这个不同寻常的时刻，他有义务给予他的孙女大力支持。我们得知你，露丝，谋划并实施了趁夜拿走别人晾衣绳上的衣服的罪行。请问是否属实？"

我无比震惊：他们已经知道了所有的细节，此刻正在审判我！三个人都直勾勾地把我盯着。

"是。"我轻声说。

"后于某天晚上，你又把上述衣服还了回去，并留了一张字条。"詹姆斯说着，递给我一张字条，"这是你写的吗？"

"我能说句话吗？"我用极小的声音问道。

"回答我的问题。"

我看了看字条，确认那是我的字迹。

詹姆斯瞥了一眼凯瑟琳和爱德华，说道："我可以请出证人了吗？"

"什么证人，麦金太尔先生？"我问道，声音有些颤抖。

爱德华摇摇头，对詹姆斯说："不用叫证人。"

我喝下一大口温热的茶，因为我感到口干舌燥。我觉得自己像个傻瓜一样坐在那里，和凯瑟琳穿着一样的裙子：人赃俱在，铁证如山。

"我非常非常抱歉，凯瑟琳。"我说道，"我确信我那不是偷。我只是需要找工作，当时实在没有衣服可以穿去面试。求你一定要相信我。"

詹姆斯完全没理会我，继续说道："我和我的两位委托人讨论了这件事，我们决定把我们的判决以书面形式告知你。"

詹姆斯·托马斯·麦金太尔递给我一个看上去很正式的信封。"现在请打开它，大声宣读一下。"

我照做了。

凯瑟琳·兰姆，教师；爱德华·兰姆，退休海军军官；詹姆斯·托马斯·麦金太尔，退休律师。我们在此认定露丝无罪，并授予她此信附件作为奖励。

我翻过这张纸去找附件。那是一张支票，写着我的名字，金额正好是我买那条"窃贼裙"和衬裙所用的钱。我不禁泪如泉涌，接着哈哈大笑起来，凯瑟琳走过来，紧紧地拥抱我。爱德华按响了床头呼叫器，冲我使了个眼色。

　　这时，护士长来到了门口，问他有什么需要。"哦，护士长！你也看到了，我孙女在纠结该买哪个颜色的裙子，于是我们就把露丝叫来帮我们参谋参谋。就是想跟你请个假，她的休息时间可不可以再延长个 15 分钟？"他给了护士长一个大大的笑容，让她没有办法拒绝。我吃了橘子蛋糕，又喝了一杯茶，意识到这件事经爱德华的妙手处理得真是天衣无缝，比我自己设想的任何一个计划都要好。我短暂的窃贼生涯就这样圆满结束了。

书店里的故事

一

传家宝

关于店里买进什么书，我必须十分谨慎才行，因为我这间小书店的书架空间极其有限。我仰赖人们带各种书过来卖：可能是家里整理旧书不要的，或者家庭成员搬走了不要的——也可能是某位家庭成员的遗产。

涉及遗产时，我有一个严格的准则：只有去世超过半年以上的逝者的书我才会买入。我一定要和逝者的家人确认他们是否有机会选取一些书自己留着，我会和他们探讨把这些书留在自己家里的重要性。家里有人去世后，逝者留下的所有书会被立刻装箱，被带到义卖商店，或被卖给书商，而没有人意识到这些书中可能有一些无比珍贵，价值连城。这种现象极为普遍。

我不会对一整箱书给出总价，而是会给每本书分别报价，这往往要花上好几个小时。如果我被邀请上门给藏书估价，或者鉴别那些贵重的书或特版书，我会向他们解释，就算他们不想自己留着这些书，但在往后的日子里，某个孙辈也许会视这些书如人生珍宝。每一本都有一个故事,许多书都承载着珍贵的记忆。

当我捧起母亲的一本书,我就会想起她;我抚摸着她曾抚摸过的书页,品读着她曾品读过的文字。历时多年积累起来的藏书会成为家的一部分。它们也曾被热爱,曾被反复阅读,可能还曾周游世界。它们在家中静静地待上了许多年,见证着许多特别的时刻,给阅读它们的人带来欢笑,有时也带来泪水。

因此,我认认真真对待每一本书。我翻遍每一页,寻找页边空白处的手写笔记,或画在书页上的昆虫、树叶和花朵的小像。我还总是能发现书信、干花、明信片、照片等。在一本讲植物的书里,我发现了一封写在一片树叶上的信。

阿兰·皮特里,一个退休了的蒂阿瑙人,给我带来了一些书想要卖掉。刚才说的那片树叶就平平整整地夹在其中一本书的书页间,灰绿色的叶片依然保存完好,形态柔顺。上面写着:

嗨!这张明信片是在保护区海湾写的,我们刚刚看到两头鲸,它们紧跟着船,大约跟了有半小时。这次旅途总体棒极了,天公虽不作美,但也影响不大。周日下午见吧。

你亲爱的,

威廉

　　毛利人用波叶短喉菊（*Brachyglottis repanda*）大而柔软的叶子包裹食物和婴儿，还用它来敷伤口。后来，欧洲人来此地定居，将它用作草稿纸或手纸，它便有了另一个常见的名字——"丛林人的好朋友"。低洼的南岛和斯图尔特岛的沿海地区生活着它的一位近亲*，有着小一些但更厚一些的叶子，有时被用来当作明信片。人们（特别是旅人）会在叶子上写字，然后在边上贴一张邮票，从斯图尔特岛的佩特森湾邮局将它们寄往新西兰各地乃至海外。

　　新西兰邮局并没有和公众分享这些记忆的热情。1906 年，新西兰邮局提出"不允许邮寄邮票没贴牢并且寄往英国或从英国过境的写有书面信息的树叶"。1912 年，这条禁令的范围扩大到禁止寄往"任何地址"。最后，到了 1915 年，这条提议变成："邮票没贴牢的树叶禁止邮寄，如果被邮寄，将投往无法投递邮件办公室处置。"

　　我给阿兰打电话，告诉他我的发现。看来那封信似乎出自他的儿子之手，而且很显然从未被投递成功。我非常高兴将那本书和那片树叶明信片返还给威廉的父亲。阿兰告诉威廉，树叶找到了，我收到了一封感人的邮件，来自威廉的母亲希拉，邮件中说："谢谢你，露丝，威廉高兴坏了！"

　　最近我从临终关怀二手商店买来一本书——《新西兰鸟类实地考察指南》（*A Field Guide to the Birds of New Zealand*），作

---

*　指 *Brachyglottis rotundifolia*，为木兰纲菊目菊科常春菊属常绿灌木。

者是法拉、西布森和特伯特。这本书是 1972 年的再版书，初版于
1966 年，品相良好。我翻动书页时，发现一张小字条，上面用铅
笔写着：

你好，卢克，我写这封信是想为我无法在 2 号那天现身帮忙
而道欠（原文如此）。

阿里只在星期五休息，我们要一起去汤加里罗步道游玩。但
愿这边的风对你友好一点！

希望这本书能帮上你的忙，你也可以随时还给阿里。

谢谢你昨晚在船上的款待。

薇拉

我把字条放回书里——这个它待了这么多年的地方，书被卖走
时它也会一并被卖走。每当我发现这样的宝藏时，都会试图想象
是谁写的这些字条，以及写下这些字条时他们身处何处。薇拉和
阿里是谁？他们成功到汤加里罗步道游玩了吗？要是他们能读到
这本书，发现他们的字条这么多年来一直保存完好，岂不是美事
一桩……

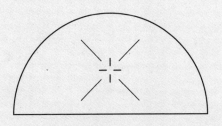

- Chapter 11 -

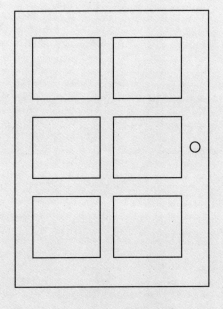

第十一章

悲剧再临

作为一名记者，彼得花越来越多的时间漂泊在外，走遍澳大利亚，寻找故事。1970 年年中，他接到了一项任务，要到澳大利亚北领地待两周。

　　一天夜里，我在我们的公寓睡得正熟，突然一阵巨大的敲门声打破了夜的寂静。几名警察站在我家门口。一位女警官伸出一条胳膊搂着我的肩，引我到椅子上坐下。她先问了我几个问题，确认了我的身份，才告诉我她来的目的："我们刚接到通知，你丈夫遇难了。"

　　我不相信她说的。他们耐心地向我解释了车祸的细节，我只听进去只言片语。他们诚心实意地担心我，陪我一起坐着聊天，泡了许多杯茶，然后安排了一个朋友过来陪着我。我僵直地坐在椅子边沿。没有眼泪，没有感情，甚至没有任何迹象表明我能听到他们说的话。

彼得的父母认领了他的遗体，并明确表示他们不想与我有任何瓜葛，因为我是天主教徒，而他们是新教徒。他们不承认我作为彼得伴侣的身份，自然也不认可我们的婚姻。

我们仅存的一丝关联就是我还怀着孕。我迫切想生一个儿子。

抑郁侵袭着我的生活。我无法工作，夜不能寐。我了无生气——一副行走的躯壳。可我还是没有给家里打电话，我不忍心告诉父母有关这件事的哪怕一分一毫。一天晚上，事态非常糟糕，我拨通了生命救助专线。道格·克尔，专线上的一名律师，安排我搬去和他的家人一起居住，没过几天，我就被包裹在爱里了。我感到很安全。利兹，他了不起的妻子，已经生了四个女儿，并且又怀孕了。如果没有这家人的及时救助，我无法想象我会出什么事。

分娩时生出一个孩子那种生理的真实感刺破了我的沮丧迷雾——不仅仅是疼痛，也是放松。没有人能把这珍贵的片刻从我身边夺走：我生下了这个我梦寐以求的儿子。

医生把他放在我身上时，我摸着他的头，体会着那暖烘烘、湿乎乎的感觉。他小小的手指蜷曲着，攥着我的手指，就好像他也在寻求我们之间特别的纽带。我惊奇地看着他的每一个动作——噘嘴、皱眉、吐舌头。

“约书亚，”我轻声说，“你就是约书亚。”

我们的幸福泡沫只维持了几个小时。医生来到我的床边，利兹和他一起，她看起来神色凝重。医生解释说约书亚患有新生儿Rh 溶血病，利兹握着我的手。母亲的 Rh 阴性抗体在孕期进入胎盘，攻击胎儿的 Rh 阳性细胞，导致胎儿患病。约书亚是我的第二胎，病得极其严重，需要特殊护理。他的心脏正在衰竭，急需输血，必须从海岸的南港医院直接转至布里斯班。我可以在第二天体力稍好些时跟过去。

我抱着约书亚，利兹、一名护士和一位神父面色凝重地站在我的床尾，盯着约书亚惨白的小脸。我试图把每一个细节、每一个微小的面部特征都刻进脑海。洗礼很简短，根据天主教教义，他如今已是"天主的孩子"。我既憎恶又愤怒地看着那个神父，大声痛斥道："他还在娘胎里时就已经是天主的孩子了！"

神父点点头，疲惫地笑着说："如果这个小家伙发生了什么不测，他会直接上天堂的。显然这是最重要的。"

"滚出去！"我怒吼道，"滚出去！他会活下来的！"

"我们必须做好准备，天主做出任何计划都有可能。"

我把约书亚抱得更紧了，就好像要把他塞回我的子宫，好把他藏起来、保护起来一样。

一般第一胎时没有溶血病风险，多数问题出现在第二胎以及之后的孕期。我恐惧地意识到约书亚遭遇的溶血病是那次强奸事件的结果，因为他是我的第二个孩子。甚至我的血液都被污染了。

我的脸贴着他的脸，他的小脸柔软温热。我将他抱在怀里轻轻摇晃，我的呻吟像风的凄婉吟唱。痛苦深深渗透我的全身。

护士走向我，伸出双臂来接约书亚。我瞪着她，泪水模糊了我的双眼，我几乎看不到她，怀里仍然紧紧地抱着我的小宝贝。她终于下定决心，探过身子，轻轻地把他从我怀里夺走了。

那是我最后一次见到约书亚。几个小时后他就死了。他下葬时，我仍在医院，他们不让我参加葬礼。我唯一能买得起的是公共地皮上一个小小的木头十字架。我唯一留存的他短暂生命的见证是他的死亡证明：

约书亚·亚历山大。存活 13.5 小时。1970 年 10 月。

皇家女子医院

死因：

（1）间质性肺气肿、气胸，以及纵隔气肿

——新生儿肺透明膜病

（2）新生儿 Rh 溶血病

短短几个月的幸福就这样在各种可怖的、吞噬生命的事件中消耗殆尽了。

我怀疑如果我再经历一遍 1970 年到 1972 年那些事故后还能不能活下来，但那时我还年轻，也许当初被强奸和 1963 年时不得不放弃儿子这些事某种程度上都是在让我做好准备，好经受最近这些打击。

我投射给每个人的那个露丝只是皮囊，内里的露丝一片混乱。然而，像野兽一般，我的求生本能还是又一次觉醒了，我准备转身跑开，能跑多快就跑多快。我仍然处于震惊中，先是彼得的死，这次又是约书亚，但我知道我必须走出来，走出这场噩梦，走得越远越好。一个月后，巴布亚新几内亚的一份工作促使我采取行动。

走之前，我到约书亚的墓前，在白色的木头十字架前种下了一小丛玫瑰花。红色的小花在死亡和悲伤的环绕中恣意地展示着她们的姿色。

我转身离开，发誓永不再回来。

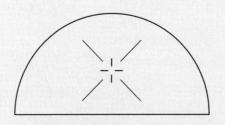

- Chapter 12 -

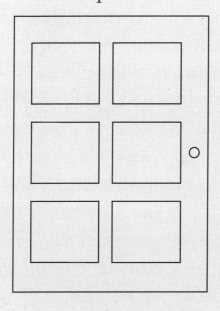

第十二章

抵达拉包尔

我给爸妈打电话告诉他们我要去巴布亚新几内亚时，他们一点儿都不激动。爸爸说我可能会被吃掉，那样他们就再也见不到我了。我告诉他他掌握的知识是错误的。

　　我于 1971 年 6 月 25 日抵达拉包尔。

　　拉包尔位于新不列颠岛东端。1914 年，德属新几内亚由澳大利亚托管，称为"新几内亚领地"，拉包尔为其首府。拉包尔坐落在加泽尔半岛庇护下的辛普森港，被认为是南太平洋最安全的港口之一。第二次世界大战期间，因其靠近当时日军的重要海军基地日属加罗林群岛，拉包尔成了战略要地。我们频繁造访了许多荒废的隧道、作战室和休息区域，在这些地方仍然能找到已被废弃的作战设备、飞机、登陆驳船和武器。

　　尽管有着戏剧性的历史，这一巨大的避风港仍然确保了拉包尔在战后再次成为南太平洋的重要港口。

　　我们都学会了在说话时夹杂着一点当地语言，而我对巴布亚新几内亚的社会体制了解越深，我就感到越尴尬。许多来自外国的移居者——当地人叫我们"移民"——以一种轻蔑得近乎残忍的方式对待他们的用人。我很快意识到，许多移民是自命不凡的酒鬼，过着一种妄自尊大的殖民者生活，他们虐待家里的用人，通常还养着一两个本地情妇。

拉包尔的社会分层和种族分化严重，即使在殖民者社会内部，也存在着等级和排外。它被认为是澳大利亚的又一部分，所以移民们认为自己已经完全掌握了一切。大多数基础设施，包括澳洲联邦银行、澳新银行、澳洲电信，都是澳大利亚人建的。我们使用澳大利亚货币，我们去电影院看电影时会起立，高唱《天佑女王》（"God Save the Queen"）*，我们都有用人。这些人要是回到澳大利亚或新西兰根本活不下去，因为他们这种徒有其表的生活方式会轰然倒塌。

我得到的那份工作是在阿斯科特酒店当厨师，为期六个月。阿斯科特酒店和澳大利亚安捷航空达成了协议，由酒店为飞往莫尔斯比港的清晨航班提供机上早餐。我们还为航空管制员和单身男子宿舍的其他住户提供餐食，所以我的一天开始得非常早，结束得非常晚，工作期间只能休息一小会儿。

那些单身汉中的一个来吃饭，他是个赛马场的赌注登记人。他在拉包尔的华人聚居区租了场地，从事非法赌马活动。听说我会打牌，他非常渴望我能加入他的"团队"。我也没有什么更好

---

* 1984 年以前为澳大利亚国歌。

的事情做，于是就答应了，他教会了我"记账"的技巧。

登记赌注的人记录赌局中所有赛马的流水账总数。我负责写赌票，追踪所有赌注就位，更新黑板信息。如果有马被擦伤，我需要记下赛道，报告赛道情况。一切都围绕着断断续续的无线电接收器的声音以及全澳大利亚赌注登记人的一通通电话运转着。这份工作总是那么吵闹忙碌而又令人兴奋——而且完全是违法的。这种混乱正适合我：我渐渐爱上了巴布亚新几内亚，爱上了这份工作，也爱上了当地的托赖人和社会生活。慢慢地，我开始重建我的生活。

拉包尔地处一条活火山带上，位于镇子东南部的塔乌鲁火山是一座活跃的复式火山。我们学会了和拉包尔的味道共处，它的味道和其他任何地方都不同——一种硫黄混合着槟榔果的味道，最外层包裹着永远不变的鸡蛋花香。轻微的地震是家常便饭，我们也习惯了。然而，就在我抵达拉包尔一个月后，来了一场大地震。1971年7月27日，一场里氏8.3级的大地震在全岛范围内造成了大规模的破坏，还引发了多场海啸。那是巴布亚新几内亚历史上最严重的地震之一。

我们立刻被转移到地势比较高的地方。在那里，我们俯瞰着巨大的海啸席卷整个小镇，冲毁酒店和整片主要商业区，把汽车和船只都吸入海里，港口中央的小岛完全被冲毁了。令人难以置信的是，我们隐隐约约看到了海底的失事船只。

（再晚些时候，1994年，塔乌鲁火山喷发了，一道喷发的还有沃尔坎火山，这是坐落在港口西部的另一座活火山。拉包尔完全被摧毁了。）

我在拉包尔的那段时间，澳大利亚政府正有条不紊地加快推进自治。加泽尔当地委员会是唯一一个成员均为巴布亚新几内亚当地人的组织，但在经历了一些审议和磋商后，它也吸纳了其他种族的成员，这违背了许多当地人的意愿。由托赖人组织的马塘干协会发起了一场抗议运动，拒绝纳税，除非委员会恢复到成员全部是巴布亚新几内亚人的状态。暴力冲突发生，有人被逮捕。

我们刚从大地震中恢复过来不久，1971年8月19日，澳大利亚地区专员兼拉包尔地区殖民行政长官杰克·埃马纽埃尔（Jack Emanuel）被刺杀了。他在当地服务了许多年，会说库阿努阿语[*]，在托赖社会中有着特殊的地位。十个戴着传统脸饰和发饰的村民在埃马纽埃尔和警察被叫去尝试调解一场土地争端时杀害了他。当地报纸报道，其中一个人和埃马纽埃尔简短地交谈了几句，然后他们都转身跑进了树林。

过了一段时间，埃马纽埃尔还没回来，一小队警察沿着林间小道去找他。他们找到了他的尸体：他被一把旧的战时日本刺刀刺死了。一些人指控这件事是马塘干协会成员所为，但从来没有任何证据表明他的死和他们有关。

---

* 巴布亚新几内亚的托赖人所说的一种语言。

　　我记得那一天：镇上到处都是穿着防弹衣的警察，人们被告知待在家里把门锁好，除非是从事必要性工作的。我们不知道该相信谁，就连一起共事的当地人也是如此。

　　全国上下都在准备自治，我的一部分工作包括培训当地的女孩子为单身男子准备早餐和正餐。政治动荡频仍，但我依然能有一份工作做。在这样的时代背景下，我见到了黑头发、文质彬彬的马特，一个澳大利亚的航空管制员，他在巴布亚新几内亚服役，为期三年。他很腼腆，很安静，有着友善的笑容和温柔的棕色眼睛。虽然在许多方面都不同，但我们仍然开始约会了。

　　我警告他，和我谈恋爱不会轻松，我的感情状况一团糟，但他仍然坠入了爱河。和他相处很轻松，他能逗我笑，还给我信心，让我相信我混乱的生活可以重新步入正轨。他完完全全就是我需要并渴望的——我也爱上了他。

　　我的临时签证快要到期了。马特希望我留下来——我得到了更多工作机会，实在没有理由离开，但我知道我又开始逃避了。我没有信心安定下来，因为我觉得自己一旦涉及一段感情就会把它处理得一团糟。我触碰到的一切都会破碎，然后我会被痛苦纠缠，逃无可逃。我无法面对这样的前景。

　　从许多方面而言，我不想离开，但是当"岛民号"——一艘9米长的单桅帆船驶进海港时，我义无反顾地报名成了船员。船主迈克独自从马丹一路来到拉包尔，但是因为他想继续北上，穿过巴布亚新几内亚北部到达西伊里安和爪哇，所以他想找个帮手。

　　我提前和他讲好一个条件：我不会和他睡。"有我当船员你真是血赚，"我告诉他，"所以别搞砸了。（要是搞砸了）我会毫不犹豫地下船离开你，不论我们在哪儿。"迈克作出保证，并信守了承诺。我们成了志趣相投的合作伙伴和好朋友。

　　我告诉马特，我们一到达新加坡我就回来。他接受了我必须离开这个事实，并表示他会等我。直到现在我才意识到他有多强的洞察力和理解力。他放我走了，虽然这令他万分伤心。

书店里的故事

—

"马"尽其才，物尽其用

那天是周六，我的两间小书店都很忙碌。人们坐在外面看书，孩子们沐浴在阳光下阅读，一条狗拴在水桶边的拖车上，一个婴儿在婴儿车里熟睡。

一对澳大利亚夫妇向我走来："你们有没有关于赛马的书？店属实很小，所以，感觉希望渺茫。"

书店里没有任何关于赛马的书，不过我自己的藏书中倒是有一本，关于一匹叫"小棉花"（Fine Cotton）的马。因为我在拉包尔做过一阵子的赛马场记录员，所以对赛马还算有一点点兴趣。我对这匹马和与它相关的骗局尤为感兴趣，因为1984年它输了比赛时我正好在国王十字区工作，对相关涉案人员也有所耳闻。

小棉花为由约翰·吉莱斯皮（John Gillespie）领头的一个财团所有。他们找来了另一匹看起来几乎和小棉花一模一样的马，但那是一匹比小棉花更适合比赛的马。

也合该这家公司倒霉，这匹新的马——叫"飞宝"（Dashing

Solitaire)——因为在本来预计胜算很大的一场比赛开赛前受伤而无法参赛。他们已经投了那么多钱进去，当然要四处寻找，试图找到一匹马来代替。时间一点点流逝，他们最终选定了一匹公开赛级别的马，比小棉花高上了好几个等级。

但有一个问题：两匹马的颜色不同。小棉花是一匹八岁的棕色骟马，后腿有白色的胎记，而他们找来的"大志"（Bold Personality）是一匹七岁的栗色骟马，没有胎记。

这好办。财团成员找来几瓶伊卡璐染发剂，使出浑身解数给大志换了颜色。比赛那天，由于忘了给大志的腿部做漂白，他们找了些白色油漆涂在它的腿上作为替代。

如果这个骗局当时成功了，财团会赢得超过 100 万美元。但不幸的是，它失败了。财团中的六人被赛马兄弟会终身禁赛，约翰·吉莱斯皮和驯马师海登·海塔纳（Hayden Haitana）被判入狱。

我把这本书给那位澳大利亚藏书家看，他又惊又喜。他有好几百本藏书，但唯独没有这一本。

"这真是太让人激动了——我多么庆幸我顺道在这儿停留了。多少钱？"

我知道我可以随便开价，他也一定会付的，但我也知道，这本书找到了一个好的归宿。

"10 美元怎么样？"

"成交，女士——真是太划算了！"

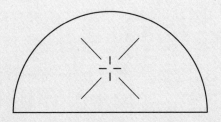

- Chapter 13 -

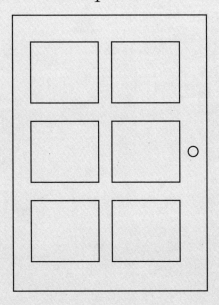

第十三章

请担心

我又一次开始记笔记，记录我在"岛民号"上航行的那几个月，但是这本日记若干年后随着另一艘叫"十字军"的游艇沉没了，全体船员随之遇难。我曾在这艘游艇上航行，但就在海难前几个月，我因为对船长兼船主的能力有着深深的担忧而下了船。

　　幸亏爸爸保存着我的一些信件。我的父母从我的信里跟进着我的种种"冒险和遭遇"。作为一个母亲，我至今才明白他们当时该是多么持久地担心着我。我的一些信件要花上一个多月才能到达新西兰，而许多信甚至从来就没有寄到过。就在我离开新西兰之前，我的姐姐嫁给了科林，一个建筑工人——一个稳重老实的人。至少我们两姐妹中有一个脱离了一团糟的生活。

　　我们驶离拉包尔时，我心烦意乱，既想留下来，又迫切想趁还没搞砸一段新的关系时离开，这让我犹豫不决。

　　1971 年 9 月 16 日

　　亲爱的爸爸妈妈、吉尔、科林、姨妈以及其他家人：

原谅我歪歪扭扭的字迹还有信纸上溅得到处都是的海水点子，因为我正在海上写这封信。我们最终是在9月12日早晨6点半离开的拉包尔。那天我们整个白天都在航行，到了夜里才在一个小村庄停下……

在这封信的结尾处，我写道：

好了，我得停笔了。请担心，我很好。

爱你们的，露丝

我落下了一个关键的"别"字。现在想起来我都会大笑不止，不知道当时妈妈读到我让他们"请担心"的嘱咐时作何感想？！

又一场冒险开始了。我们在船上过起了惬意的日常生活，可以站在甲板上，想站多久就站多久，感觉饿了就吃饭。我渐渐感到孤独和平静渗透我的内心。"岛民号"很小，船首几乎没有空间。船上有一个双炉膛的火炉，装了万向节（在船体不平衡时，万向节会倾斜以保持炉子的平衡）；一张海图桌，有多种用途；还有两张窄床铺和一个小小的卫生间；帆缆库在锚链和绳索附近。需要抬起驾驶舱的地板才能找到发动机，这在海上绝不是最便捷的操作方式。

我们从韦瓦克一路驶向瓦尼莫——巴布亚新几内亚西塞皮克省的小小省会，也是该国最西北端的海港，距印度尼西亚边境只有 22 公里。当时只有 180 个欧洲人住在那里，但同时还有 1000 多个军人驻扎在皇家太平洋群岛的军营里守卫着边境线，因为不断地有巴布亚难民试图从西伊里安越境。

1971 年只有极少数游艇从巴布亚新几内亚航行至西伊里安。彼时印度尼西亚政府刚刚开放边境不久——还是在极其严格的管控下，这给我们造成了麻烦。后来我们发现我们的海图是错误的，因为该区域此前由荷兰占领，而今海港和港口的名字都变了。

我们抵达瓦尼莫后，海关人员上船仔细搜检了一番。检查后，其中一个人说："你们现在少了一瓶威士忌——归我了。"我们不敢反对。六个全副武装的印度尼西亚士兵在码头上站着，他们背上背着步枪，腰带上别着警棍。我们有一把装满子弹的点 22* 手枪，严严实实地藏在迈克的床底下，不过他们没发现。

那几个海关人员护送我们来到入境事务处填写通过西伊里安所需的表格，后来武装护卫又把我们送到检疫部门，在那儿又填了一堆表，最后我们到达了海军部。镇子上人很少：只有几个巴布亚人在四处溜达。我们去了市集，但决定什么都不买，因为许多食物都是变质的。超过 50 万印度尼西亚人住在瓦尼莫，驻防部

---

* "点 22"即 0.22 英寸，此处指口径为 5.588 毫米的手枪。

队随处可见。我们在市集遇到两个联合国的工作人员，他们告诉我们不要在西伊里安喝水，也不要用西伊里安的水灌水壶，因为这儿的水里都是孑孓和霍乱菌。他们还告诉我们，最好赶紧走，越快越好，因为这里很危险，贿赂和偷盗泛滥。

兑换完货币、集齐所有所需的书面文件后，我们就离开了那里，向查亚普拉进发。那是一个可怜的小镇，饱受霍乱和疟疾的滋扰，没有邮政系统。要想给家里寄信，唯一的办法就是通过联合国，因为他们有自己的往来专机。妈妈后来告诉我，我的许多信件从来没寄到，有的信件邮票被撕掉了。"请担心"似乎具有了一种未卜先知的功能，虽然源于偶然，却也有一定警示作用。

到了查亚普拉，一位印度尼西亚高级专员的太太和一位高级海军军官的太太来访，她们想好好参观一下"岛民号"。她们穿着有华美刺绣的短上衣，与上衣相配的裤子，考究的凉鞋，浑身珠光宝气，妆发干净利落。这对她们来说显然是个重要的时刻。从码头下到我们这艘两米半的小艇的台阶非常陡峭湿滑，所以我非常仔细地给她们会讲英语的武装安保人员解释她们应该怎么登船。我们的第一位客人安稳落座后，我转过身来，却惊恐地看到她的同伴打算从码头直接跳到船上。

我完全无力回天。小艇立刻翻了，我们三个人被重重地拍在脏水里。武装安保人员在岸上急得上蹿下跳，都用枪指着我。我记不起来我是如何把那两个女人弄上码头的了，我只记得我先把其中一个挂在船舷上，然后带着另一个游向台阶。她们俩安然无恙地返回岸上后，我独自一人划船回到艇上，与此同时因为强忍着紧张的大笑而瑟瑟发抖。

高级专员震怒无比。他气冲冲地下到码头，声称我试图淹死他老婆和她的同伴。迈克和我站在"岛民号"的甲板上，暗自惊慌。"该死，"迈克说，"要是我们能离开这个鬼地方，那就走大运了！"我们确实走了大运——最后一位联合国翻译人员介入，解开了僵局。高级专员道了歉，还向我们抛出了和平的橄榄枝：两条劣等香烟，还有六听极差的啤酒，这些在我们驶至他们看不见的地方后都被从船上扔下去了。

一个英国种植园经理问我们能否带他回马诺夸里，他当时受雇于联合国，在查亚普拉工作。因为马诺夸里太远了，而当地海上交通又不发达，所以他没什么机会回去。我们非常高兴彼得·福斯特的加入——尽管这意味着要热铺 *了——因为他会说好几种语言，这为接下来的旅途带来了极大的便利。

一离开比亚克，恶劣的天气就迫使我们偏离了航道。在同大风和巨浪搏斗了一整夜后，我们看到了农福尔岛。这是一座靠近马诺夸里海岸的小岛，可以让我们歇歇脚，我们也终于如释重负。第二次世界大战期间，日本人曾在此地建了一座带有三个机场的

---

* 在一些机舱和船舱里，因空间有限，铺位不够，各成员所采取的轮流休息的方式。——译者注

空军基地。

靠近这座小岛时，我们下了锚，但就在此时，不知道从哪里冒出来的独木舟包围了我们。离近了一看，我们才发现有几个人腰上别着骷髅头——这是一场怎样的欢迎会啊！迈克又吓得嘀嘀咕咕起来，不过我们通晓多种语言的乘客彼得会说当地的方言，他妥帖地为我们搞到了一些干净的食物和水。

当地人欢迎我们上岸，不过彼得悄声建议我们不要接受这看似友善的邀请，因为这个部落仍然以砍下并收集人头而著称。"什么？"迈克结结巴巴地说，"你在逗我吧！这是一九七几年，不是一八七几年！"彼得幽幽地说，他不确定这个部落是不是还会吃人，但他知道印度尼西亚军官的头可是价值连城。

不消说，我们最终待在了船上。真的感恩有彼得的陪伴。

我们在马诺夸里受到联合国工作人员的接待，他们给我们提供了食物，包括令人愉悦的咖啡和糖，以及燃料。他们非常乐于帮我们寄信。我们告诉他们我们在农福尔岛的遭遇，他们十分肯定砍头确有其事。此地不时有针对印度尼西亚军队的袭击，在那些当地人的村子里，敌人的脑袋是一件十分荣耀的战利品。

离开西伊里安（或西巴布亚）之前，我在寄给家里的信中写道："爸，我求证了你说过的一件事情——这里有食人族！"（我可怜的爸妈……）

我们道了别，谢过彼得，出发驶向索龙，那是我们从赤道横渡塞兰海到安汶，再到爪哇前的最后一个港口。我们途中还在诸多小岛稍作停留（包括巴厘岛），最后到达了泗水（苏腊巴亚）。就是在这片区域，当地政府向我们发出了警告，他们告诉我们，就在几周前，一艘美国游艇被海盗袭击并且沉船了。船员活了下来：他们获准弃船转乘救生艇，被当地的一艘渔船救了。这是一个令人不安的消息，尤其是在我们遭遇猎首部落以后。从这时起，印度尼西亚周围的海盗日益增多，这条航线也被视作最危险的航线之一。

安全起见，我们决定在开往雅加达的途中一直靠近爪哇海岸行驶。航船条件非常完美，于是我们向着巴韦安岛以北航行，试图趁着一路顺风直接驶向雅加达。当时我正在前甲板上，迈克从船舵那里大喊道："把主帆放下来！"我怀疑我会错意了——似乎并没什么理由放下主帆，而且这会立马让船速降下来。接着迈克把"岛民号"驶进了风里，主帆松弛了下来，船首的三角帆落到了甲板上。这时他的话音里充满急迫："快把该死的主帆放下来，露丝！"

当我把主帆升降索松开时，才发现一条 6 米长的胶合板舷外机艇赶上了我们。船上共有四个人，都有武器——三个拿着自动步枪，第四个站在一堆武器后面。就我这双没怎么见过武器的眼睛看来，那堆武器似乎是巴祖卡火箭筒。我们所谓的安全线路也不安全了：海盗还是发现了我们。

在被当局警告后，迈克和我达成了一致：如果我们遇上海盗，一定要把他们哄到船上，保持友好，最重要的是，要面带微笑。以防万一，我们已经把护照、钱和重要文件都藏了起来。

"该死，露丝，保持微笑！"迈克咬牙切齿地说，"帮那个人上一下船！"他脸上带着一丝苦笑。我扶其中一个人上船时，他把他们的绳子固定在我们的船舷右侧。"欢迎，欢迎。"我不断用印尼语重复着，欢迎他们上船。那是我仅会的印尼语之一，所以我不断重复这句话，直到迈克让我闭嘴。

迈克给我们的"客人"一瓶威士忌。他们笑着接过去，直接对瓶吹。两个人上船来，开始在船上四处搜寻，见什么拿什么：衣服、绳子、食物、铺盖、迈克的最后一瓶威士忌、我们的暴风帆、一个装燃油的容器，甚至还拿走了一口锅和一个桶。我们就坐在驾驶舱里看着，纹丝不动，因为另外两个人正用枪指着我们。把所有东西都装上他们的小快艇后，他们礼貌地和我们握了握手，还对我们表示了感谢。我到下面去找我的相机，它居然奇迹般地还在海图桌后面。我向他们打手势询问我是否能拍一张照片。

"天哪，露丝——让他们走吧！"迈克怒不可遏。然后他发现那四个人已经为我摆好了姿势，并且把对着我们的枪口移开了，其中一个人甚至对着镜头笑了起来。我迅速拍了一张照片。

"谢谢！"我用印尼语对他们喊道。接着他们就启动了发动机，挥了挥手，向着北边扬长而去了。

"看到了吗？"我对迈克说，"我们现在有他们的照片了，我们可以把它交给当地政府！"

我们把船里船外检查了一遍。我们还好，还活着，有充足的食物到达雅加达。我们还有帆、海图、一个固定指南针，钱和护照也还在。迈克为那瓶酒哀号着："该死，威士忌没了！"——可我们知道，我们已经非常幸运了。

我们驶进了雅加达极其繁忙拥挤的港口，港口周围停满了来自世界各地的大货轮，最终我们才在一家游艇俱乐部外面下了锚。"岛民号"是那里唯一的游艇，但我们受到一艘97吨摩托艇的美国船长的热情款待。他让我们冲了个热水澡，还给我们提供了餐食，这一切发生在我们刚刚经历过的事情之后，显得那么不真实。

回到"岛民号"上后，我们发现我们被打劫了——又一次。我们天真地以为我们可以在游艇俱乐部外面安然无虞地停泊。迈克的所有衣物都不见了；我的一些衣服也被拿走了，包括我的内衣；我们的双筒望远镜、录音机、剩下的餐具，以及最后一罐燃油——那是海盗们大发慈悲给我们留下的，全没了。谢天谢地，他们没发现我们的护照、文件、相机和钱。

第二天，我到镇子上把胶片冲洗了出来，这样我就能同时报海盗和抢劫案了。我拍的海盗照片还不错，虽然不是很清晰，认不出上面的人，但拍到了他们的枪和船。警察听着，但他们明显漠不关心。我在地图上给他们精确地指出了海盗劫持我们的地点："这儿，就这儿，在甲板上，光天化日之下！"

一个警察叹了口气，把手指放在地图上。"从这儿他们能去马来西亚、苏拉威西，藏在那里沿海岸线数百个小岛中的一个上。"他说道，"你指望我们从哪儿找起呢？"他盯着我，等我说出一个答案。

"他们离开时往北边去了。"

"直奔一艘快速三角帆船去销赃，拿到钱就消失，等待下一个方便袭击的目标出现。"

我们见过这些"三角帆"——一些有舷外支架的小船，这些船在离开西伊里安后尤为常见，一些有帆，一些有舷外发动机。有几艘靠近我们的看起来还很友善。意识到什么都做不了，我感觉自己很愚蠢。那是一场组织严密的行动。

"好吧，那我们在游艇俱乐部外面被抢劫的怎么办？"我问。

他们又一次表现出极大的冷漠。"我们这儿有 5000 万人！"一个警官耸耸肩，"你已经够幸运的了，还能有船。"他把我的护照和海盗照片递回给我，然后无奈地挥挥手示意我出去。

1971 年 12 月 1 日，我们终于抵达了新加坡——熙熙攘攘，但安全！办理好通关后，我冲到岸上给家里打电话，因为我已经整整六周没有收到一封信了。妈妈告诉我她生病了，不过已经有所好转。我还不知道其实她已经确诊了癌症。

我从邮局取了一摞信件，包括马特从拉包尔寄来的一封信，他告诉我那里有很多工作等我去做，他等我回去，我们好结婚。我给他打电话，向他解释我们计划暂时抛锚修理一下船。我必须找个工作，因为我没有钱了，我不会让他给我付机票钱。我在拖延返回巴布亚新几内亚的时间。

"岛民号"抛锚后，迈克回到澳大利亚工作了三个月。我在新加坡一家主营宴会陪同的机构找到一份工作，薪酬非常可观。布朗温，一个高大丰满的澳大利亚女孩儿，来自樟宜帆船俱乐部外面停着的另一艘游艇。她告诉我，她工作的那家机构需要更多欧洲女孩。

"我需要和那些男人上床吗？"

"完全由你自己决定。你可以只在晚上陪他们吃个饭，跳个舞，然后回来。但如果你和他们睡，就会拿到一大笔钱。这没什么不好的，真的，露丝。来钱快啊！"

陪他们吃饭、跳舞听上去还行，我也确实山穷水尽了，所以我就签了约。当那个女负责人评价我"矮小、平胸，穿得寒酸，可能一无是处"时，我没有辩解。布朗温给我搭了几身衣裳，在我几个月以来都是 T 恤配短裤的情况下，这些衣服感觉怪怪的。

我第一次陪客是和布朗温一起出去的，陪两个中国商人。我们被一辆出租车接走，带到酒店。我非常紧张，布朗温不停地说："你就想想那些钱！"

他们带我们去吃饭，好在他们两个都会说英语，所以我们一直有话聊。布朗温露骨地和两个人里岁数较大的那个调情——"他更有钱。"她压低嗓音对我说。

然后那两个人想跳舞。布朗温的那个人把头埋进她的胸前，两个人拖着步子变换位置时，他的臀部贴着她的臀部摩擦着。而我伸直了胳膊搭着我的舞伴，保持着一臂的距离。他比我高一点儿，口臭、头油，还动手动脚的。

"跟我睡吗？"他问道。

"不。"

"多少钱才肯跟我睡？"

"不要钱。"

"啊，这么便宜！"他大笑道。我知道他没明白我的意思。

"我是说我不会跟你睡！"

"我给你钻石，也许这能让你改变主意。"他咧嘴一笑。

我挣开他，抓起布朗温的胳膊，拽着她就往外走。

"我想离开这儿，我干不来这个。"我对她说。

她平静地给我一张给出租车司机看的卡片，并告诉我她的住处，以及她明天早上见我。

我松了一口气，那家机构付了出租车的钱，我最终回到了"岛民号"上。我剥掉那令人作呕的新衣服，穿回短裤 T 恤，坐在甲板上望着夜色中新加坡灯火辉煌的天际线。

第二天，我收到了机构送来的工资，并被告知他们不需要我了。"我就说嘛，你不行！"那个女人尖酸地说着，把给我的钱扔到桌上。这笔钱来得及时，暂时缓解了几天的压力，我极其短暂的交际花生涯也就此告一段落。

书店里的故事

书店助理莱克斯

六岁的莱克斯是书店的常客。他的弟弟乔有时候会跟着他来，弟弟的保姆福洛丝和他妈妈也会一起过来。他的父母萨拉和德安拥有一幢度假别墅，就在这条街上，和我们只隔着三户。

莱克斯决心成为一名书店助理。事实上，他告诉我，我可以"拥有"那家大的书店，而他可以"拥有"那家小的儿童书店，因为很显然我需要帮忙。

莱克斯帮我把外面的桌子和书架摆好后，就把他的小板凳放在他的书店门边，这样他就能观察到我的书店里发生了什么。

他上班的第一天，刚上了不久，就过来告诉我，说他也需要一张桌子、一台电脑，和我的一样。

"儿童书店里摆不下桌子，莱克斯。"我答道。

他非常严肃地看着我："那好吧，至少要有一台电脑。我会用电脑。"

"你觉得我用电脑来干什么呢，莱克斯？"

他兴高采烈地说："我不知道，但你可以教我啊！"

这时我们来了顾客。莱克斯跑进他的书店，坐在门边的椅子上，密切注视着两个看书的小姑娘。

那两个小姑娘拿了两本书到我这里来结账，莱克斯跟着她们。

"应该是我收她们的钱吧？"他提出，"这两本书是从我店里拿的。"

我解释说可能最好还是由我来管钱，因为我需要从我的数据表中删除这些书。

暂时没有客人时，我问莱克斯他是否懂得钱是什么。

"不懂，但你可以教我啊。"

"你读书吗，莱克斯？"

"我认识的字不多，但我可以看图片，爸爸和妈妈会读给我听。妈妈让我每天晚上带几本书回家。"

"要不，你负责和客人打招呼，和你店里的孩子们聊聊天，怎么样？"

他欣然答应了他的新职位要求。然后他在两个店前走来走去，等着下一批客人的到来。来了两个男人，莱克斯溜达到他们面前，充满自信地大声招呼道："你们好！"然后他跑进儿童书店，坐在他的椅子上。

一个小女孩来送还三个拿走过夜的玩具：一只叫小粉的粉兔子，一头叫驼驼的骆驼，还有猫咪莫宁顿。莱克斯自豪地接过玩具，告诉她它们需要洗个澡，然后把它们交给我。

第二天早上，莱克斯穿了一件非常漂亮的蓝色格纹衬衫，还穿了鞋袜，不再光着脚了。他告诉我那是他的制服。"你看上去棒极了。"我说。他帮着我开了铺子，然后我向他解释了为什么每个人都要"因为疫情而做进店登记"。

"我知道，我知道！要是他们生病了，我就不能回学校了。"

"对极了。所以，从今天开始，你要对来的客人说，'您好，请登记'。"

一对夫妇来了，他们还没下车呢，莱克斯就出现在他们眼前，眼神坚定地看着他们，大声宣布道："你们好，请登记。"然后他突然掉头，大笑着跑进他的店里。

工作之余，莱克斯偶尔也会从他的领地过来我这边，看看一切是否运转如常。他悄悄走到一位顾客身边，这位顾客正在翻阅一本农业相关的书。只见莱克斯对他说："你知道吗，我读过这本。"当被问及这本书是讲什么的，莱克斯正好指着书页上一张羊的图片，于是他极其严肃地迅速答道："羊。"

莱克斯待在家里无事可做的时候，就会每天早上来书店工作一个半小时。他告诉他的爷爷、姑姑姑父、叔叔婶婶，还有其他闲杂人等，他现在也挣工资了，因为他当了书店助理。任何人叫他去干别的事他都会摇摇头，说："不行，露丝需要我。"

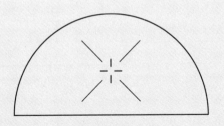

- Chapter 14 -

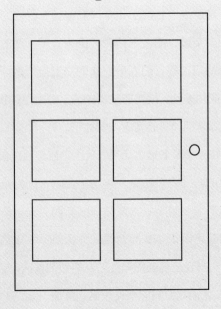

第十四章

家中来信

圣诞节即将到来，我成了一个"船保姆"，因为这些船的主人和船员要回到英国、澳大利亚和美国去过节。我的船保姆工作包括帮小游艇泊船，帮它们为下一次的海上航行做好准备，不是要穿过印度洋到达非洲，就是要到泰国湾。迈克希望我能回到"岛民号"，因为新年期间船就要到非洲去了。

　　但是在马特来了很多通电话后，我决定还是回拉包尔去结婚。我决心用自己的方式支付路费，肯定不便宜，因为我得从澳大利亚飞回去。从新加坡到墨尔本要花 385 新西兰元，然后我要飞到布里斯班，接着还要花 475 新西兰元，坐 DC-3 飞机飞到莫尔斯比港和拉包尔。当我发现到巴布亚新几内亚的首次可选航班要到 1 月中旬时，我决定用这段时间搭便车到吉隆坡，或者有可能去曼谷。我没有预订任何航班，生怕又来一个什么不可预见的悲剧破坏我找到幸福的机会。

　　在新加坡的跳蚤市场买了几件新衣服后，我还剩 1500 多美元。我收拾好水手行囊，坐上开往吉隆坡的夜班火车，入住了一晚上

33 美分的青年旅舍。

然后我踏上搭便车去往曼谷的旅途，并且很快就搭上了一个开奔驰的马来西亚商人的车。太美妙了！越南战争已经打到第十二个年头，虽然新西兰武装力量在 1970 年和 1971 年就撤军了，但是直到 1975 年受到美国支持的南方的越南共和国被打败后，战争才真正结束。在越战中，新西兰首次没有和我们的传统盟友英国一道征战，取而代之的是，我们的参战反映了新西兰和美国及澳大利亚之间的国防联系日益加深。

新西兰参加越南战争颇具争议性，在国内和国际上都激起了抗议和谴责。1971 年，新西兰有大约 3 万人参加了抗议，这迫使我们重新审视自己的外交政策并最终退出战争。

我来到了北海，这是澳大利亚在马来西亚槟城的一个空军基地所在地，许多美国部队驻扎在此休整娱乐。也就是在这时，我决定，既然我来到了附近，就要试试去趟柬埔寨，希望能了解战争背后的政治。离开北海前，我给家里打了个电话，让家人知道我的下一站是曼谷，到那儿我会收取信件，同时申请进入柬埔寨的签证。

在美国的帮助和政府投资下，曼谷在第二次世界大战后飞速发展。越南战争期间，曾有数千名美国军人来到芭提雅海滩游玩。此地距离曼谷大约 100 公里，是休闲娱乐的胜地。这也使得这个小渔村迅速成了世界最大的红灯区之一。美军有时称这些休闲娱乐为"买醉买春",更加巩固了芭提雅作为买春旅游目的地的地位。待在芭提雅海滩的那三天令我很不安,我看见了无数男男女女在街头和酒吧拉客。毒品随时供应,于是就是在这儿,我第一次吸了大麻。谢天谢地,作为一个不抽烟的人,我觉得那是一次很不好的体验。

到了曼谷后,我直奔邮局去取信。在一摞信件的最上方是一封家里打来的电报,一周前就到了,上面写着:

母病重,速归。

姨

我立刻回了电话。妈妈已经癌症晚期了。

五天后我从新加坡飞离。我已经三年多没回家了。

爸爸来基督城机场接我,他戴着他标志性的方舌帽,脸色苍白,那双蓝眼睛眼圈红红的。我仅有的行李是我的海军装备包,他一把就将它轻松拽到了背上。我们俩几乎一言不发。妈妈是他的初恋,也是唯一挚爱,他们于年少时结婚,一辈子琴瑟和鸣,相敬如宾。妈妈此时才四十六岁。

他们如今住在里卡顿。爸爸在克朗林恩（Crown Lynn）陶瓷厂上夜班，这样他就可以每天白天陪着妈妈。他已经习惯了，也再不吹口哨，只是安静而沉重地待着。

妈妈很矮小，但总是充满活力，她有着一双灵动的眼睛和一头漂亮的红头发。她正坐在沙发上等我，我踏进家门那一刻，泪水涌满她的双眼。那是第一天，接下来我们将要共度无比珍贵的四个月。

他们住在一套两居室里，这是街后面五套房子中的一套，独门独户，阳光明媚。虽然爸爸上夜班，但他白天也几乎不睡，所以我一回来，我们开始了规律的日常作息后，他就换成了白班。父母对彼此的爱显而易见：爸爸给妈妈买花，为她读诗，帮她梳头。我经常看到他们相拥躺在床上，依偎在彼此的臂弯里。我给妈妈注射完吗啡后，她就会入睡。爸爸拥着她，眼泪无声地流下，浸湿了枕头。

姨妈和姨父住在基督城的另一端，我经常夜里开车过去，把在家里时的悲伤和妈妈唯一的姐姐无可名状的悲伤做一个交换。我的表兄弟肯和大卫还有伊凡姨父在那几个月里给予了我极大的帮助，他们稳定着我的情绪，用爱包裹着我。自从我十六岁那年经历的一切过后，每当我意识到爸爸妈妈一直分担着我的痛苦，并且始终在担心着我，我就无法抑制地感到歉疚。

"你几乎每一封来信的最后都会说'别担心我'。"姨妈告诉我，

"一收到信，你妈妈就会直接打电话给我，让我读给她听，一收到你的来信她就如释重负。我们从地图上了解你的踪迹，这对我们来说太奇怪了。你和吉尔、肯还有大卫都不一样。你妈妈很自责，你必须要和她聊聊了，露丝。"

于是我们聊了起来，每一天我们都在聊天。我们哈哈大笑，我们放声大哭，终于我理解了母亲深沉的爱意味着什么。妈妈给我讲了她的童年，讲她如何在群山绵延的利特尔顿长大。她的父亲，我的姥爷，是一个渔夫。她回忆着那些夜晚，她的妈妈坐在窗前，手里紧张地绞弄着一小方蕾丝手绢，她焦急地翘首等待着，手绢打了好几个结。灯烛已经燃尽，她还在等待着渔船那星星点点令人心安的渔火出现在海面上。她给我讲了她和爸爸一见钟情的故事，讲了他们刚结婚的那些年月，以及后来有了吉尔，又有了我。很显然，我从一生下来就不断惹祸，也许这就是为什么我和爸爸相处得如此愉快：我们的个性太像了。

我眼看着她的身体日渐衰弱，而她的头脑在疼痛和注射吗啡的间隙仍能保持警觉和清醒。当我握着她的手读书给她听时，她总是笑着，那温柔的微笑至今仍然深深印在我的脑海。许多年过去了，这些记忆很容易被修饰——细节变了，尽管不是故意的。一些事实被渲染了，另外一些被遗忘了，改写的故事变成了真相。但是当我想起和妈妈共度的时光，作为一个曾经站在她身旁看着她慢慢离去的见证者，我清晰地记得她的勇敢和她内心强大的力量。我记得她如何用温柔的手帮我擦去眼泪，用一只手抚着我的脸，眼里满是慈爱。我的妈妈，比任何人都清楚我为什么过了这样一种极其危险的生活。她给了我逃离的自由。

每当爸妈卧室和起居室的窗帘拉开，清晨的阳光便会暖暖地洒遍屋子。爸爸总是说："又迎来了美好的一天，亲爱的！太阳又出来了。"他会仔细检查，确保妈妈感到舒适，然后温柔地亲她一下。"我走了，露丝，晚上见。"说着，他就出门去上班了，他把饭盒夹在胳膊底下，然后会轻轻地把门关上。他又开始吹口哨了，但我们都知道，那只是为他白天不得不离开妈妈这件事所做的缓冲。

我依然打算和马特结婚，不过日子还没定下来。妈妈帮我缝结婚穿的裙子，那是一条淡黄色的连衣裙，上面点缀着小碎花。她在床上坐起来，给领口缝上手工缝制的花边，针脚细密工整。那是一条束腰长裙，是我所有裙子里最漂亮的。

在和我家隔着两座房子的地方，有一个被三道篱笆围成的不起眼的小小角落，角落里种着一棵冬青树，是整个街区唯一的一棵。那是许多年前种的，当时这个地方还是一片绿树成荫，生机盎然。慢慢地，老旧的挡风板房屋被拆除了，后院里大片的树木、灌木和打理精巧的花园也都被推土机推平，为新的开发做准备。顺从的屋主们得了一笔赔偿款，给自己买下一套养老公寓，许多人在那儿孤寂地度过了晚年。

那棵冬青树是为数不多逃过了推土机并幸免于难的一棵，它见证着"新的生活方式"——千篇一律的公寓和单元房不断涌现，到处都充斥着砖瓦、石头、混凝土和水泥，一切都冷冰冰、灰蓬蓬的。篱笆建起来了，高大突兀，守卫着每个屋主那一方小小的天地。冬青树低处的树枝被砍掉了，这样篱笆就能紧紧地围着树干，树也几乎不会再长出新的枝杈。

妈妈每天早上都会在床上坐起来，看着外面的冬青树——这个冷静的旁观者。"早上好啊，冬青树。"她会说，"我们俩都又活过了一晚。"她喜欢看着树叶在阳光下变换出不同的颜色，喜欢看着鸟儿们飞来飞去——它已经成了她的指路明灯。

傍晚时分，妈妈会听见爸爸吹口哨的声音，我能看到她脸上的喜悦和她面颊的红晕。我会让她坐在长沙发上，为她梳头，给她的脸上和手上搽上护肤霜，她的皮肤很细腻。

"亲爱的，今天怎么样啊？"爸爸边进门边问妈妈，他心里十分清楚，每一分每一秒都意味着更多的生命被夺走，不光是夺走妈妈的生命，也是夺走他自己的生命。

后来有一天晚上，他说："我听邻居说，他们要把那棵冬青砍掉。真的太遗憾了——它没有碍着任何人。"

妈妈很震惊，泪水夺眶而出："不要！"妈妈和那棵树在过去的几个月里和谐共存，想到它也马上要死了，她难过不已。

"露丝，去找找他们，看看是怎么回事。"她恳求道。

我走到那座房子前，那是仅剩的传统木头房子之一。我敲了敲门，出来一个围着围裙、眼镜搭在鼻梁上的老妇人。"有什么事，孩子？"

"是那棵冬青树的事。我听说他们要把它砍掉。"

"很可悲，是吧？但很显然，如果把它砍掉，房主就又能在这儿建一套房。我已经把房子卖了——我没办法再继续照看这座房子和花园了。"

她的话里有一丝无奈。

"我们有没有什么办法救下这棵树呢？"我问道。

"没办法了。他们跟我说它太老了，没法移栽，砍掉明显是花钱最少的方式。但在我搬走前他们不会砍掉它的——我让他们答应起码保证这一点。"

我给她讲了妈妈的事，以及这棵树对她而言有多么重要，然后就离开了。我没让这个老妇人看到我的眼泪。

当我跟爸爸说时，他摇了摇头："先别告诉你妈妈。"

爸爸想在妈妈生命的最后几个星期和她单独待在一起，所以我订了回巴布亚新几内亚的航班。马特很高兴，他耐心地等了十个月了。我们定下了结婚的日子，就在我回到拉包尔几天后。

我教爸爸怎么为妈妈注射吗啡，婆婆妈妈地交代他如何给她放枕头，如何给她的手和脚按摩，还教他如何事无巨细地记录每一个细节好给医生参考。那段时间他请了假，没去工作。

离家那天，我的心里空落落的，心烦意乱，筋疲力尽。妈妈告诉我，这是他们所希望的：给他们时间共处，好好道别。她很高兴我最终能找到马特这样一个特别的人，并且安定下来。"有多少男人愿意等这么久呢，露丝？"她问道，"他爱你，现在，你也去爱他吧。"

那天是姨父和姨妈开车送我去的机场。离家时，爸爸站在门阶上，身子不再挺拔，面容憔悴不已，神情沮丧。我们相互拥抱，他说谢谢我，然后用他一如往常的大大咧咧的口吻说："走吧！"脸上闪过一抹似有若无的浅笑，眼里满是哀伤，他转身进家，关上了门。

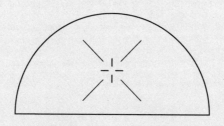

- Chapter 15 -

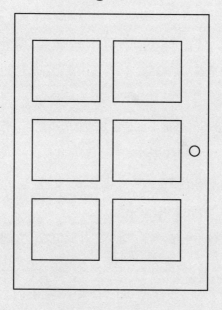

第十五章

慢慢消逝

又一次离开新西兰，这次是在妈妈将要去世前，我感觉仿佛又一扇门被关上了，光被挡在外面，完全熄灭了我所有情感。很多时候我其实是喜欢黑暗的，因为它让我抛开痛苦的记忆，继续往前走。

对付这种伤悲，我的办法是更多的经历和冒险。我无所畏惧：最糟糕的情况无非就是我会死而已。

我意识到不断的混乱如今对我来说已是常态。我唯一的出路就是抛掉过去，专注未来，不断前行。

马特在拉包尔机场接我。他笑得如此坦诚，充满爱意。我投入他的怀抱，幸福、羞愧和困惑的泪水交织在一起。我们如此不同。他比我小三岁，等了我将近一年，从未怀疑过我们的关系。我们的婚礼定在 1972 年 6 月 1 日，只用了三天一切就已准备妥当。婚礼当天，在好友的簇拥下，我成了他的妻子。

妈妈是在四天后走的，也就是 6 月 5 日，但我直到 7 日收到电报才得知这个消息：

五日晨五时，母安详离世，今日安葬。

父，吉尔，科林，姨

某些记忆如此清晰地深深印在脑海，当你回忆起它们的时候，记忆之途没有一丝蛛网搅扰，没有半点迷雾乱目。我记得当时和马特坐在床边，手里拿着电报，合上双眼。我想起了妈妈的脸，听到了她的声音，感受到她的抚摸，甚至闻到了她的气味。

虽然我们已经道过别，但那封电报还是让我陷入了深深的绝望。我知道妈妈不可能是"安详离世"。我亲眼见过她遭受的病痛，尤其是就在我走之前不久。

死亡是我生命中的常客。我已经学会了不去想那种撕心裂肺的痛苦，否则它会吞噬我，让我堕入抑郁的深渊。

航空部给我和马特安排了一套房，还来了个小子，名叫彼得，是个托赖人，一个加泽尔半岛当地人。"小子"这个词是英国殖民者用来称呼当地男子的，移民们就也跟着这么叫，直到二十世纪五十年代才被英语里的叫法"男孩"所替代。我是反对要仆人的，但当地人希望这样：我们是在给一个当地人提供工作、工资和住处。彼得住在我们后院的一间混凝土小屋里，屋子没铺地板。他在屋外做饭，用屋后的一个水桶洗漱。想想我们住在舒适便捷的两居室里，这似乎很不道德。

许多当地人都爱嚼食槟榔果。槟榔果就是槟榔树那甜甜的果实，有提神的作用。当地人称之为"buai"，并且把它和蘸了熟石灰粉（氧化钙与水的混合物）的芥末棒一起嚼着吃。槟榔果染红了他们的嘴巴，腐蚀了他们的牙齿，还引发了口腔癌，但当地人至今仍然爱嚼槟榔。据世界卫生组织的报告，全世界每500例口腔癌和口咽癌中就大约有一例发生在巴布亚新几内亚。

拉包尔从来没有真正成为托赖城市——它是一座移民城市，建造它的目的就是见证殖民的力量。巴布亚新几内亚人和中国人住在郊区，有自己的商店和棚屋。我第一次到这儿时就交了许多中国朋友，所以一回来就迅速受到了热烈的欢迎。一些人希望我重操旧业，去赛马场做登记员，加入打牌之夜，可我如今是个已婚女子，需要顾及马特的名声，再去做非法赌马登记员似乎有一点冒险。

我们婚礼后不久，航空管制员罗德·托马斯和他的妻子帕姆就来到了拉包尔。帕姆和我建立了深厚的友谊，直至今日这份情谊依旧坚固。尽管我们非常不同——如她所言，我"脾气暴躁，不近人情"，但帕姆依然给了我强大的支持。她极富魅力，有着一头长长的金发，身材迷人，衣品超群（她在拉包尔的一家小时装店工作）。帕姆总是陪在我身边，然而，尽管我们关系如此亲密，我也从来没有告诉过她发生在我身上的那些事。需要讲清楚的太多了，而我只想向前看，继续往前走、走、走。

一开始我在大都会酒店工作，不过后来我得到了一份为整形外科医生马里昂·拉德克利夫－泰勒（也就是马蒂）做助理护士和司机的工作。她是新西兰人，已经在拉包尔生活二十年了。她于 1992 年从医学院毕业，她告诉我，那个年代"女医生被认为是可疑人物"。她曾在新西兰达尼丁医院做外科住院医师，后来去了伦敦，希望有资格获得皇家外科医学院的奖学金。当她发现在伦敦女性没有资格上课时，她去了爱丁堡。毕业后，她回到新西兰稍作停留，随后又去了西澳大利亚州。在一段失败的婚姻后，她于 1954 年来到了巴布亚新几内亚。作为一名热情的女性主义者，她对女性在同等条件下工作却无法得到相同的报酬感到愤恨，于是在拉包尔开起了自己的私立医院，专攻整形外科。

我和马蒂成了亲密的伙伴，我们俩都想突破限制，都不愿意接受流俗，也正是在此刻，我才意识到自己是一名女性主义者。各地的女性都正在站起来要求同工同酬，挑战由男性主导的职业领域，并且——是的——扔掉她们的胸罩。"你到底为什么要穿胸罩呢，露丝？"在我为她工作几周后，马蒂问我，"扔了它！"我照做了，除非穿一些比较轻薄、比较透的衣服，还有运动的时候。我很庆幸自己胸很小。

我们开车跑遍了新不列颠岛上各个村庄的大小诊所，接生，也接骨。马蒂给人们做一些小手术，还给他们分发药品。世界卫生组织委托她收集水样，因为他们在调查两种会传播疾病的蚊子，其中一种传播登革热，另一种传播疟疾，两种蚊子都很常见。我们服用硫酸奎宁片来预防疟疾，但登革热没有预防药物。我们的很大一部分工作是教当地村民如何保护自己，保持水源干净。

我成了他们口中的"小个子女医生"，而马蒂则是"顶好的好大夫"。虽然每个人都认识马蒂，马蒂仍然严正要求我，如果我不幸撞了人，千万不要停车，因为根据当地的赔偿制度，我们会以死谢罪。我们开车时总是把车门锁死。

1972年巴布亚新几内亚大选后，迈克尔·索马雷（Michael Somare）创建了联合政府，承诺会带领国家走向自治并最终实现独立。拉包尔的许多外来移民决定离开，因为他们害怕已经初见端倪的殖民地独裁。不过，除了一些小暴乱，生活对我们来说基本上一如往常，我们也从来没有受到过任何威胁。马蒂很高兴她见证了她这些年来所热爱的人们取得了独立。

马蒂一周里有五天要动手术。她是个了不起的女人：充满活力，乐于助人，还总是不计报酬。这份工作有趣又刺激——直到马蒂得了脑炎，紧急飞回了澳大利亚。她再也没有回来，这对她一定是毁灭性的打击。

我从来没有忘记马蒂，在那以后的生活中我所做的许多决定都植根于当时和马蒂一起共事的那段时光。

马蒂离开拉包尔后，我决定在旅客之家（Travelodge）旁边开一家小咖啡馆。我的第一笔开支就是律师费：

我方为贵方在旅行大厦购买咖啡店提供的专业服务费用，包括拟备转让协议、参与各方的执行、申请企业名称，以及向贵方报告相关事宜。

这项费用是 38.54 新西兰元。印花税 1 美元。

所谓正式的转让协议，是一份长长的三页纸的文件，盖着拉包尔汽车旅馆私人有限公司的公章，签署日期是 1974 年 7 月 8 日。

我的"苹果气泡水"咖啡馆开业了！刚开张的头三个月，我的营业额超过了 7000 美元——净利润是 1080 美元。二十世纪七十年代中期，澳大利亚的平均年薪是 7000 美元，所以我非常满意。我每天只开张六个小时，所有的烘焙都是自己完成，咖啡馆迅速门庭若市，时常人满为患。

背景音乐里放着凯特·斯蒂文斯（Cat Stevens）、戴安娜·罗斯（Diana Ross）、披头士和猫王的歌，我在一个只容得下两个人的小厨房里做着吃的。午餐时间总是非常混乱。我给两个当地女孩培训，让她们当我的助手。帕姆，我最亲爱的支持者和朋友，回想起有一天我在午餐高峰期让她关门并告诉每个人我们打烊了。那可能是我们无数个食材告罄的日子之一——助手女孩忘记从市场采买储备食材了。

这时候我收到了爸爸的好消息。妈妈去世后，爸爸交过几个女性朋友，他是个真正浪漫的人，以奉献和决心向她们示爱。他倾向于对自己的年龄撒一些善意的小谎，所以当我第一次和他的第一个女友布伦达见面，她得知我只比她小几岁时，明显地表现出惊讶……从那以后，她便称爸爸是她的"穿着生锈铠甲的骑士"。布伦达是一个马拉松运动员，有一只漂亮的德国牧羊犬。她跑马拉松时，只要爸爸不用跑到别的地方去，他就带着狗在终点等着，兑现着做她的忠诚后勤的承诺。

在布伦达之后，爸爸又遇到了琼。琼的哥哥吉比是爸爸在内斯比时的朋友，这段关系也是由他牵线的。为了俘获琼的芳心，爸爸展开了疯狂的攻势。他给她寄了一束又一束花，送给她一盒又一盒巧克力，为她精心安排了一场又一场周日自驾游。琼守寡有几年了，吉比觉得爸爸或许是让她的生活重新回到正轨的解药，而她对爸爸也是一样。还真的奏效了！

收到结婚请柬时，我正在拉包尔，这令我震惊无比——我根本没想到爸爸对待这段关系是认真的。我和马特飞回基督城参加婚礼。那是马特第一次见到我的家人，也是他第一次到新西兰。爸爸热情洋溢，大笑着，讲着笑话，甚至在屋子里跳起了小步舞，那是我这些年看到过他最开心的时刻。琼是一个很严肃的女人，一个虔诚的天主教徒，所以他们的婚礼在教堂举行。她做饭很难吃，但爸爸帮她做，他们搭档非常默契。

至于我自己和马特之间的爱情故事，一切进展顺利，我们的感情很深厚，而且住在一个友爱互助的社区。我打壁球，加入了南太平洋拉格冰球队，并创办了一支专为青少年服务的女童子军。我还为当地的报纸《海岛商人》（Island Trader）创作儿童故事。我们的社交生活非常丰富，我们到所罗门群岛和澳大利亚度假，也去过塔斯马尼亚。

我拥有年轻女性想要拥有的一切，包括——或者说尤其是——一个极其善解人意的丈夫。

我的生活很充实，一分一秒都没有虚度。咖啡馆发展到了一定规模，我雇了另一个移民来帮我做烘焙和整体运营。虽然被所有这些愉快向上的事情环绕着，我却感到自己正在慢慢消逝。不知道为什么我突然睡不着觉了。我开始酗酒——百加得兑可乐，金色梦幻鸡尾酒兑廉价白酒。是因为马特的合约即将到期，而我们就要开始规划在澳大利亚的生活了吗，还是因为我们在商量组建一个家庭？我第一次感到了恐惧。

在极短的时间内，我的生活彻底改变了。又一次，我建立在我的过往之上的那些本就摇摇欲坠的规划如纸牌屋般轰然倒塌。我没有和马特一起共渡难关，也没有和我的朋友们商量，而是卖掉了咖啡馆，打包好我那用四块木头制成的装茶的箱子，走出家门，连夜离开了拉包尔。

我又踏上了奔波的旅途。

书店里的故事

麻烦仔细读读招牌

在马纳普里家街和山坡路的拐角处，我放了一块牌子，写着"营业中"。书店外的黑板上也写着"营业中"的字样。

这天早上，我正坐在主书店的小书桌旁。两个店里的书架都摆满了，店外的书架上也是满的，两间书店的门都敞开着。

一个中年美国女人来到门口，站在门阶上，探进身子。我还没来得及开口，她就问："你们开门了吗？"

她透过开着的门看着坐在书店里的我，我迟疑了几秒，然后微笑着说："开着呢。"

"哦！"她看起来很惊讶。我对她的惊讶感到很惊讶。接着又来了一个问题："你们卖书吗？"

一个就坐在书堆里的卖书人该如何回答这个问题？我的大脑一片混乱。我本来想说："不卖，这是个肉铺！"但我只是盯着她看。最后她转身离开了。

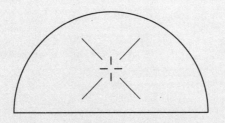

- Chapter 16 -

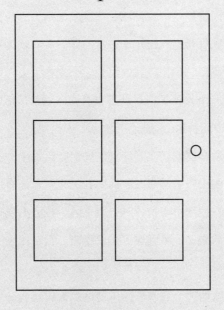

第十六章

不要温和地走进

我在布里斯班找了一家酒店，开了一间房，打算只待一晚，第二天就动身前往悉尼或墨尔本去找工作。装有我的物品的几个箱子正在开往悉尼的船上，我已经为它们安排了无限期存放。我随身带的唯一一个大箱子里塞满了衣服和一些我珍藏的东西——我想这些就足以让我东山再起。当时我二十八岁。

　　但是由于没有任何切实的计划，加之新近发生的伤心事仍然历历在目，我的脑子里都是关于约书亚的记忆，还有那个令人印象深刻的墓地，他那小小身体的长眠之地。锥心的痛随着这些记忆蔓延开来。我来了，又回到了布里斯班，我怎么能不去看看他的墓地？

　　我坐上去墓地的公共汽车，车的后半截只有我一个乘客，还有一个乘客坐在前面，愉快地和司机聊着天。这座城市通常天气晴好，但此时一场大雨把人们都困在室内，虽然这一天正值公休。我的手不住地拧着一条泛白的蓝手绢，把它打成了个死结，这是我不断加剧的不安情绪的证明。

车停了，刹车在湿滑的路面上发出尖厉刺耳的声音。"到站了，女士。"司机冲我喊着。

我下了汽车，撑开伞。虽然穿了过秋的衣服，但在这场半上午的大雨让郊区平添愁容之时，我还是被冻得瑟瑟发抖。雨水飞溅到了我的高筒皮靴上，我的长雨衣下摆也被雨打湿，颜色变深了。

在车上时我竭力保持冷静克制，但是一下车，我的理智就被情感冲垮了。我开始啜泣，每一次呼吸都需要大口喘气。我把雨伞扔到一边，风立刻把它卷到了马路对面。我加快了脚步，逐渐变成小跑，接着，在一种绝望的情感的驱使之下，我开始不顾一切地朝着墓地狂奔，并且越跑越快，越跑越快。但是，当我到达山顶时，我感到迟疑，脚步变得沉重。我努力昂起头，抹去脸上的雨水和泪水。墓地就这样出现在我的面前。

如果站在路边看，人们很容易认为这是一片精英阶层的埋骨之地。就在小路的后面，巨大的石头神龛突兀地耸立着，满是虚假的骄傲。上锁的玻璃门把故意搞破坏的人拒之门外，但邀请着好奇的人一窥长眠于此的那些意大利家族的奢华富贵。乔凡尼家族的布鲁诺、玛丽亚和安娜就长眠于此，由长长的、冰冷的大理石板和其他人的墓地隔开。

经过一片上流社会的绿茵后，就会看到普通人平平无奇的墓碑，它们静静地传递着爱与哀伤。石刻的天使、十字架和偶尔出现的圣母马利亚躬身像仍然清晰地表明这里是一片天主教墓地。

尽管墓园很大，我依然清楚地记得约书亚的墓在哪里。我经过一座座奢华的坟墓，经过一座座壮观的神龛和宏伟的纪念碑，也经过了漂亮的白色石子路，越走越愤怒。排列整齐的坟墓沿着山坡向下延伸，直到消失在路的尽头。山脚下是公共用地，这里的坟墓埋的都是负担不起专用地皮的人。两小排普通的白色十字架凄凉地在阴郁的天空下伫立着。

此刻我已经湿透了，厚重的湿发一绺绺紧贴在脸颊和脖子上。我弓着腰，仿佛背负着无比沉重之物，艰难地沿着山路缓慢下行。我越往前走，路面越软，到谷底时成了一片泥泞。脚下的泥地被我踩得吧唧吧唧地响，我的靴子也裹满了泥。

终于，我来到他的身边。我停下来，抬起头，闭上眼睛。眼泪流干了，我的愤怒也被冲走了。我睁开眼睛，盯着小小木头十字架，它略微倾斜地插在软泥地里。我先前种的小玫瑰还顽强而倔强地活着。

我弯下腰去抚摸十字架，读着小铜牌子上面的字：

约书亚，存活十三个半小时。

很短的一句话，一如他的生命。

我仰天长号，用尽了全部的力气。长久以来一直试图逃避的痛苦、哀伤和迷惘终于击溃了我，我像一个年老的醉鬼，跪在地上，放声恸哭。我对着躺在我周围的几千亡灵哭喊，对着寂静的清晨号啕。没有人能分担我的痛苦。我感到如此孤独。

我不记得我在那里待了多久，也不记得我蹲在雨里恸哭了多久，但最后我开始发抖。我的双手在泥水里显得惨白，手指发青。我感到自己完全和周遭的世界切断了联系。

绝望充满了我，一种不可抑制的冲动占据了我的整个身体。我抱着木头十字架，我的约书亚的十字架，我的手指紧紧抠着木头，狠命地试图把它拽出地面。"你跟我走！"我喊着，"你不会再躺在这该死的烂泥里了！"

厚厚的淤泥终于放弃抵抗，让十字架离开了地面。我带着十字架跌跌撞撞地返回山上时，没有人注意到我精疲力尽的身影。疯狂在我的脑海里啃噬出了一条疯狂的路。

回到山顶时，我转身望向我刚才待过的地方。约书亚的墓地光秃秃的，一小块什么都没有的土地兀自裸露着。只有他小小的身躯还留在那里，藏在那片所谓"安息之地"的烂泥里。

我步履蹒跚地走到公路上。我的样子一定可怕极了，但就算有人扭头盯着我看，我也不会注意到——我也不在乎别人怎么想。我唯一的想法就是终于有一个实实在在的东西把我和约书亚联系在一起了。

我绊了一跤，跌倒在地，十字架落在我身上。我艰难地爬起来，两只胳膊紧紧地抱着白色的十字架。一辆路过的车停下来，一个女人摇下车窗，睁大眼睛惊恐地看着我，问道："需要帮忙吗？"

司机立马下车，来到我站的地方。看到我湿漉漉的衣服还有泥乎乎的脸和手，他难以置信地摇了摇头。我浑身打战，无法抑制地哭泣着。

"别哭了，小姑娘，我们帮你。"

我双眼空洞地直直看着他，却什么也看不清楚。

"你拿的这是什么？"他轻轻地问道，"不管是谁，带着这个东西到处晃都很奇怪。"

他搀着我，把我送上车后座。我没有反抗，只是抱着十字架，就好像那是一个生病的孩子。他颇费了一番气力才把它在车里放稳，一端架在我的膝盖上，一端顶着车顶。

"我们该送她去哪儿？"他的妻子问道，她听上去有点儿害怕。

"去医院吧，或者警察局。试试和她说话，也许她能说出点儿什么。"

"真不知道你为什么要停车，她让我感到很不舒服。她看起来精神不太正常。带着个十字架做什么？"

他在雨中小心翼翼地开着车，不时抬起头看看后视镜——他刚调整了后视镜的角度，好看到蜷缩在后座的我。

"斯坦，看到牌子上写的了吗？"他的妻子开口了，仿佛我听不到他们说话，"'约书亚，存活十三个半小时。'你说会不会是她儿子？"

"有可能……问问她。"

"我不想这样，让她下去吧。"女人很大声地"低语"着，"不关我们的事。斯坦！停车！"她开始情绪失控。

他不情愿地停了车，转过身来看着我——他车后座这幅悲惨的景象。"我想帮你。"他对我说，语速很慢，吐字清晰，"你明白吗？你想下车吗？"他看着我，眼神里满是真诚的担忧，然后把手伸到后面来握我的手。我本能地往回缩了一下，避免肢体接触，但随后我紧紧地抓住了他的手。

"你想去哪儿我都可以送你，但前提是你必须告诉我。"他说。

我感受到他手上的温暖和力量。我的头脑开始清醒起来，突然意识到自己都做了些什么。一种柔和的安宁和清晰之感像一团薄雾包裹着我。

"能麻烦你送我去纳吉路吗？"我问道。

听到我的声音，女人大吃一惊，扭回头来惊恐地看着我。但是那个男人笑着，友善地点点头，说："这还差不多，姑娘。"

我直视着女人，我们四目相对。"没事，"我轻轻对她说，"我没疯。至少现在还没有。"

到了我预订的汽车旅馆，斯坦拿着十字架，站在开着的车门旁等我下车。

"我帮你拿着这个，这样看起来不会那么奇怪。"他压低嗓音对我说。他的妻子盯着我们。

我们一起走到我位于一楼的房间，斯坦拿着十字架在我身边大步地走着，就好像这是一件他每天都会做的事。

"还有什么能帮上忙的吗？"他把十字架靠着小桌子放好，问道，"你会没事的吧？"

"是的，我想我没事了。他是我儿子。约书亚是我的儿子。"

"和我想的差不多。那你现在怎么办？"

"我需要时间思考。"我上前一步，给了他一个拥抱，"太感谢你了，斯坦。"

他也拥抱了我：一个高大的人，一个大大的拥抱。"你叫什么名字？"他问。

"露丝。"

"记住了，露丝，这次经历我一辈子都不会忘。照顾好自己，姑娘。"

我瘫在床上，睡了几个小时。

醒来后，我出去买了一个大麻袋。我把木头十字架装进去，用绳子捆扎好，然后带着麻袋和旅行箱向机场出发，去坐开往墨尔本的航班。在墨尔本我又登上了到堪培拉的飞机，仅仅因为下一趟航班还有一个空座位。

　　来到一个全新的地方，构建一种全新的生活，如今于我已经是第二天性了。我有一套通过重复而不断完善的机制。我在堪培拉订了一间旅社，买了一份报纸，不出几个小时，我就得到了一个面试机会。那是昆比恩的一家酒店，就坐落在离开市中心刚进入新南威尔士州的地方。

　　我应聘的岗位职责是一早在厨房打杂，并负责做早饭，是主厨面试的我。我需要在早上4点到7点半给糕点师傅帮厨，然后开始做早饭，一直做到9点半，接着再为午饭准备沙拉和甜点，直到下午两点换班才能结束工作。我知道这种程度的忙碌会完全占据我的大脑，但只有这样，我才能向前看。这份工作和我完美契合，于是我被雇用了。

　　我找了一个便宜的住处：一间车库后面的一个小单间。那里非常安静，更重要的是，我可以自己待着。下一步我要解决交通问题。那么早，公交车还没开始运营，不过我之前看到一家店有二手摩托卖。何不买一辆呢？我想。我从来没骑过摩托，但这个价钱很合适。

　　老板卖给我一辆本田小猴子Z50J，教了我一个小时，然后他就很开心地看着我自己把车骑回去了。这是我第一次骑车，实在太激动了，我猛轰油门，冲出了院子。车完全失控了，前轮整个离开了地面，全靠后轮维持着平衡。不过我很快就吸取了这个教训。

　　和我搭档工作的糕点师马雷克是波兰人，他的英语水平和我的摩托车驾驶水平有得一拼。靠着有限的交流，我们配合默契，互相帮助，一起和面、烤蛋糕、烤饼干，搅打出美味的冷布丁。我们每天还要准备 100 个馅饼的馅料——50 个肉馅的，50 个苹果馅的。

马雷克本以为我用那些巨大的搅拌机、大炖锅和大托盘会很吃力，可我证明了他是错的。第三天早上，他给了我一个供我专用的 45 厘米木头擀面杖。这个擀面杖加上手柄总长 66 厘米，手柄处还装了滚珠轴承，所以整个擀面杖总重超过了两千克，但我决心把它用熟练。

马雷克和我对彼此越来越熟悉，一起安静而迅速地工作着，只有在他欢快地把面团扔向我时，我们的节奏才会中断。我们几乎不说话，都各自陷入沉思。我常常想，马雷克是不是也和我一样痛苦：两个在凌晨 4 点做馅饼的破碎灵魂。

"露露，"一天早晨，他一边给比利时饼干配料，一边用自己给我起的昵称和我说着话，"你就像香料。某些清晨像辣椒、生姜、胡椒或咖喱，某些清晨又像肉桂或豆蔻。"

"那今天早晨呢？今天早晨我像什么？"我问道。

他直视着我。"和我一样，你吃了洋葱。"他答道，"不像香料，只有满眼的泪水。"

他说得没错。许多个清晨，我就只是想哭，哭到眼泪流干。我想起约书亚的死、我妈妈的死，想我那个送养出去的儿子会在哪儿，当然，还想起马特，那个被我这个"逃跑新娘"抛下的丈夫。我满怀愧疚，努力寻找着哪怕一丁点儿让我喜欢自己的事物。我不喝酒，不抽烟，也不沾毒品——就算这些东西在酒店里都唾手可得。我只吃维持生命所需的食物。

我把生活精简到最基本的日常：我的摩托车、我的工作、长时间泡在图书馆。我如饥似渴地读着经典作家的作品：欧·亨利、乔治·艾略特、奥斯卡·王尔德、乔叟，还有迪伦·托马斯那首忧郁动人的诗：

不要温和地走进那个良夜，
老年应当在日暮时燃烧咆哮；
怒斥，怒斥光明的消逝。*

托马斯在三十来岁时创作了这首著名的诗歌，它初次发表于1951 年，仅仅两年后，他便死于肺炎。他的诗句让我度过了生命中的至暗时刻。如今我像行尸走肉般无意识地活着，陷入了深深的绝望之中，自杀的念头时不时从我脑袋里冒出来。我失去了勇气，充满了愤怒。

马雷克告诉我他要离开，要自己开一家小烘焙店的那个早上，我把一整盆面粉泼向了他。他站着，看着我，满头满肩都是白面，

---

* 此处选取中国著名翻译家巫宁坤译本。——译者注

眼睛睁得大大的，像只雪白的猫头鹰。

"露露！小辣椒！你应该为我感到高兴才是。"

我摇着头，轻声说："你是我的支柱，马雷克。"他不明白我在说什么，但我还是告诉他，"我也要走。"

在那个清晨之前，我们从来没有过肢体接触。他绕过巨大的木头桌子来到我这一侧，把我揽进怀里。我们拥抱着彼此，两个人都哭了，虽然不知道对方的故事，但都感受到我们走过相似的道路。

过了两周，又做了 1000 个馅饼后，我卖掉了摩托车，坐上了去墨尔本的大巴。与我同行的还有一个旅行箱、一个捆着绳子的大麻袋，以及一张存款颇丰的银行卡。

我申请了位于阿什伯顿郊区的一家天主教神父住宅的勤杂工职位，确保自己有工作可做。我找到了一个新的栖身之处。

书店里的故事

老海，镇店之狗

里根是一个捕螯虾的年轻渔民，和他的狗老海一起住在马纳普里。老海是一只黑色的混种犬，有着四个白色的蹄子和白色的尾巴尖，肚皮也是白色的，非常漂亮。老海十四岁了——我们叫他"百万美元宝狗"，因为他是兽医站的常客。事实上，我觉得他如今的身价已经赶得上兽医站的一半了！

里根出去捕虾时，老海通常由我们来照顾。他很快就知道，书店的铃铛一响起，就会有人等我去开店，但更重要的是，有人会来拍拍他，夸他真漂亮。他总是比我先冲出去，等我到店里时，他已经在他的新朋友面前躺好并享受着轻拍了。

每个人都会给老海拍照。一个独自旅行的女子想借走他一个白天，因为她确信他爱上她了。我不忍心告诉她，他对谁都这样。他是书店的绝对主人公，甚至还有自己的粉丝来信。

我的书店刚开起来时，名字叫"南纬45度以南"。一天，我们收到一封信，收件地址写的是"马纳普里，40号邮箱，南纬45

度以南书店，老海（收）"。

后来，邮递员送来一个包裹，收件地址是"马纳普里，家街1号，露丝和老海（收）"，寄件人是一个叫肯的爱狗游客，他有两只狗——一只黑色拉布拉多叫妮娜，又聋又瞎，还有一只年轻的英国指示犬，名叫阿瑟。肯写了一本关于布拉夫镇弗林俱乐部酒店老板默里·弗林的回忆录，书名叫《呼唤我的布拉夫》（Calling My Bluff），只有很少的印量，最后两本被收藏在因弗卡吉尔图书馆。肯从因弗卡吉尔过来书店买书时，老海深深爱上了他，于是他给老海寄来一根干猪皮做的狗咬胶。

另一封信来自阿莱达和格兰特，他们住在哈夫洛克。

"我们很爱到您的小店看书，也很爱老海！希望他长命百岁，能长长久久地在您的店里迎客（以及被人抚摸）。"

我们给所有给老海来信的人都回了信，还给阿莱达寄了一张照片。作为回礼，老海又收到了一包狗饼干。

很不幸，老海如今得了关节炎，耳朵也聋了，所以他听不到铃响。但我在店里时，他总会陪在我身边。要是哪天太阳好，还能看到他在外面的草地上打盹儿呢。

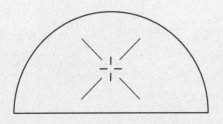

- Chapter 17 -

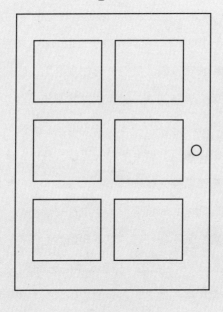

第十七章

疯帽子之家

阿什伯顿的圣米迦勒教堂位于墨尔本的商业中心东南 12 公里的地方，始建于 1932 年。坐落于教堂旁边的神父住宅是我如今的栖身之所，我和教区神职人员们一起住在这里。菲利普·史密斯神父是一个温柔又赤诚的人，迈克尔神父则年轻些，充满热情，极具歌唱天赋。

　　我成了一个隐居者，满足于白天工作一整天，夜里就躲在我的小公寓里。史密斯神父鼓励我出去，去加入类似当地棋社或壁球俱乐部之类的团体。但是哪怕一丁点社交活动都会给人们一个向我提问的机会，我不想回答，也不知道怎么回答，所以我总是退缩。我展现出的关于自己的一切都纯粹只是表面。在内心深处，我处在一个非常黑暗的地方，白天的忙碌紧接着夜晚的孤独，整宿的噩梦反复出现。

　　但在这条道路的某个地点，我结识了一个男人。他叫约翰，我们形成了一种奇怪的友谊——一切全由我说了算。他想要个女朋友，而我想要个朋友。虽然我回避肉体关系，但我渴望被拥抱，渴望被一种知道"有人在身边"的安全感包裹。周日的时候，我们会去探索墨尔本的郊区，他开车时我们会听音乐，所以我不必接上话茬。我们在公园里散步，在沙滩上闲逛，探索各种各样的博物馆和画廊。但无论如何，我们最亲密的动作都仅限于手牵手。约翰很有耐心，乐于做一个安安静静的朋友，直到我愿意让我们的关系更进一步。

约翰有非常严重的湿疹——他的药柜里装满了各种药膏和药片，我还注意到一瓶帮他入睡的液体。

那是一个周日，我休息，约翰和朋友出去过周末。我无法确切地想起具体是什么引发了这一系列的事情：趁约翰不在，我坐公共汽车去他家，用一把我知道放在哪儿的备用钥匙开了门，直奔他的药柜，拿走了那瓶安眠药水。

我锁上门，走到火车站，坐上了第一班开往城里的列车。我坐在通往圣保罗大教堂的台阶上，漫无目的，只是看着人们在明媚的阳光下往来穿梭。我仔细检查了自己口袋里的几样东西，扔掉了一封写有我名字和地址的信，清空了钱包里所有其他能证明我身份的东西，只剩下一些现金和一瓶镇静剂。

一辆公交车停靠在弗林德斯街车站站台，就在大教堂对面，我想也没想就跳上车，买了一张开往终点站的车票。终点站恰好是弗兰克斯顿，在南边，在那儿我又上了另一辆小一些的公交车，是驶向海滨小镇罗斯巴德的。

　　我感觉自己就像坐在一个不会停止的旋转木马上，越转越远，越来越失去控制。在快到终点站的路上，我开始喝那瓶镇静剂——一开始慢慢地喝，因为我需要到一个没有人能找到我的地方。它的味道很苦，但我在一家小商店买了一些薄荷口香糖，好让我能不断喝下那瓶液体。

　　罗斯巴德海滩有一些在青草的掩映下若隐若现的沙丘。我能记起的最后一件事是躺在一个沙丘的洼地里，远离公路，腿上是暖暖的沙子，头顶是苍白如水的天空。太阳刚刚开始下落。

　　过了一会儿，我突然被惊醒了。

　　"能听到我说话吗？"一个人正在摇晃着我，但我无法看清。"能听到我说话吗？"

　　那个声音听起来很遥远，但我能感到有人正在翻起我的眼皮。一个人在对我说话，但因为我无法组织起任何语言，重新回到无意识状态对我来说要更容易一些。然而那个声音执着地喊着我。"你叫什么名字？"听到这句，我睁开眼睛，看清了围拢在我身边的人们——人人都穿着白衣服。我反应了好一阵才知道，我是躺在医院里，身上连满了机器。

　　"你叫什么名字？"一个护士缓慢但吐字清晰地问我，拉着我的手。

　　"露丝。"

　　更多的事我就记不清了。再次真正清醒时，我发现自己躺在一张小小的单人床上，输着液。一个护士冲我笑着："嗨，露丝，你在墨尔本医院，今天星期一。你饿吗？"

我的泪水夺眶而出。我唯一的想法是我本来不想被找到。我不想待在这里。另一个护士走进来，给我打了一针，我又轻而易举地沉睡过去了。

接下来的几天发生的事情我几乎想不起来了，但我确实记得自己在一栋楼里，靠近窗户，坐得高高的，俯瞰着墨尔本市中心。我的膝盖上放着一块画板，我用铅笔画出了所有多层建筑的天际线。我仍然保留着那幅画作，如今又用黑色墨水描了一遍。在画的背面，我写道："尝试自杀两周后，于墨尔本医院。"这两个星期去哪儿了呢？

我住在精神科的一间四人病房，和另外三个女人一起。对铺是玛丽亚，一个意大利女子，至少每隔一周就要接受一次经颅微电流刺激治疗。她温和斯文的外表下是一口沸腾着狂怒和暴力的高压锅。经过一系列休克疗法后，她回家了，平静得像一只老猫，她的眼睛空洞无神，头发油腻腻的。

她旁边的铺位是安吉，一个年轻的女人，她每天都把当天的报纸撕成纸条。她吸毒成瘾，还是个妓女，十八岁时就已经是两个孩子的母亲，两个孩子现在都由国家照看。

我旁边的铺位是佩吉，一个中年英国女人，她因为酗酒和药物依赖成了医院的常客。友好、周到、直率、厚脸皮又急性子的佩吉，让初来乍到的我有一种宾至如归的感觉。"别担心，宝贝儿，这里没那么差劲。他们把咱们放到一起，就是为了让我们能出去继续为所欲为！"

过了几天，她开始叫我"鬼鬼"，因为我不声不响地到处走来走去。他们给了我纸和笔，于是我开始把一切都写下来——一页又一页，描述着我发现自己身处的这个奇异的新世界。

我们可以在走廊里来回走，但不能进入任何一间别的病房，这些病房里有的住的是男人。集体治疗、休闲课，还有诸如画画、拼图、国际象棋、毛线活儿或编藤筐这些活动都是必须参加的。我想读书，可是这里几乎没什么书，除了一本《圣经》。

在集体治疗时，医师鼓励我们讲出自己的处境。我们中的许多人是因为长期抑郁自杀未遂才来到这儿的。我听说是一对在沙丘附近游玩的年轻情侣发现了昏迷的我，然后寻求了帮助。我一直都不知道他们是谁，也不知道他们是怎么把我弄到医院的。一开始我对他们感到愤怒，但如今回过头来看，我多么希望我能有机会感谢他们啊。

每天早上，女护士都会轻快地穿过窄窄的走廊，用她那尖厉而又单调的嗓音对着每一间病房喊道："锻炼时间到了！都给我活起来！"这听上去很别扭，因为我们大多数人都想死，"活起来"不是我们的生存目标。

走廊尽头那扇门由穿白大褂的人层层守卫，他们的腰带上挂着一串串沉甸甸的钥匙。

　　渐渐地，走廊上站满了各种各样的人。我们像游魂一样缓慢地走向活动室，在那儿，每日清晨的例行锻炼会在一个假装热情的工作人员的带动下激昂地进行。这间屋子主要是用来进行集体治疗的。在这里，精神错乱者把头往墙上猛撞，绝望者徒劳无功地试图把用螺栓固定的椅子抬起来，或是踢着铁做的桌腿，直到他们的脚趾和他们的心灵一样破碎不堪。

　　我们聚集到一起，穿衣的裸露程度千姿百态。我们中的一些人仍然穿着睡衣。男人们有时拉链没拉上，裤门大开。一些衣服扣子没了，因为病人面无表情地拧着它们，直到棉布都被扯烂。一个女的穿得好像她要去见首相似的，拿着手包，满脸的脂粉艳俗而真挚。

　　"大家准备好今天早上的深呼吸了吗？阳光正好，所以让我们来开怀大笑……大大的笑容。舒展面部肌肉。"

　　我们中只有极少一部分人认真对待这项训练。一些人大笑着四处乱走，还有一些人只是站着，大张着嘴巴，头歪向一边。工作人员拼命在队伍里走来走去，每变换一个动作，他们都会大喊："做得好！很好！多么有趣啊！"

　　我们每个人都会定期和一位精神科医生会面。我还保留着这封我写给我的医生的信：

183

可能，只是可能，不正常的并不是病人，而是医生。但什么又是正常？符合典型？如果是这样，什么是典型？是谁树立了典型？所以我再问你一次，有没有可能医生才是真的病人？

医生也有潜意识，和病人一样活跃而隐秘的潜意识，但是他有一个毋庸置疑的优势，那就是他坐在医生的位置上。这场聚会是他的主场，因为他掌握着主动权，没有人会对主人无礼。有多少次，当他看到病人漫无边际地东拉西扯，他会觉得自己也有同样的想法？他也有同样的恐惧？或许坐在这把椅子里，强忍着泪水，抠掉桌子上的清漆，把纸巾撕烂的应该是他。也许他的噩梦很逼真，让他惊出一身冷汗，接着是长久的痛苦的失眠。这些也都是他的病症。

所以，谁才是病人？我没什么问题，可是你呢，医生？

如今读到这封信时，我明明白白看出当时我并不是没什么问题，而是又一次试图掌控。无论如何，那时候我的药量增加了。

约翰想来看我，但我不想看到他，可能是因为我感到愧疚。我曾经工作过的神父住宅的年轻神父迈克尔每周都来看我，也正是他给了我一张卡片，上面有手抄的摘自玛格丽·威廉姆斯写的《绒布兔子》的一段话。这本书后来成了我最喜爱的书之一。我仍然保留着他给我的卡片，读了又读，它总是让我热泪盈眶。

其中的一段是这样的：

这不是一朝一夕而成的。你慢慢变成这样。这需要好长一段时间。这就是为什么它不怎么会发生在那些容易破碎，或是棱角锋利，或需要小心翼翼对待的人身上。总之，一旦你变成真实的，你的大多数毛发都会脱落，你的眼睛会掉出来，你的骨节会变松，你会变得破旧。但这些都无所谓，因为一旦你变成真的，你就不会是丑的，除非是对那些不懂你的人而言。

我默不作声的做派如今已经很出名了。一天，佩吉告诉我她受够了："今天是你的生日，鬼鬼，你可以给我们读读你写的东西。"她大笑着，拽着我和她一起走向集体治疗室。

做完那个早晨的记录后，医生抬起头，环顾着参加集体治疗的病人，问道："谁还想分享？"

这时，算是我朋友的佩吉直接看着我，说："来吧，妞儿。说说话有帮助。"

我小声说："我不应该在这儿。"

大家都转过头来看着我。那是我来这儿以来说得最多的话。

"我不应该在这儿。我没疯——我知道我在做什么。"我四处看看，希望获得理解，但目光所及都是一张张空洞的脸，一些脸上挂着泪，另一些脸上挂着笑。我清楚地知道这一切的愚蠢荒唐。

"那么露丝，你认为你试图自杀也是正常的喽？"医生问道。

"是的，某些情境下。"

"你难道不知道你是在计划谋杀自己吗？"

"知道。"

"那么谋杀是对的喽？"

"那不一样。"我提高嗓音答道，"你不明白自己在做什么吗？你是在试图让我觉得自己疯了。"

我站起来离开房间，但是听到有人开始讲话，我又停下来了。他的名字叫亚当。他比我年轻得多，他的生命却比我的更糟糕：有一个继父，在他很小的时候就对他实施性虐待；有一个既不爱他他也不爱的妈妈，还死了；如今为了生存，他做了男妓，以卖淫为生。亚当自杀过无数次，但仍然无法令医生相信他想离开。和我们所有人一样，他也被用了镇静剂，还被迫接受电疗，这是他极其厌恶的。

"我同意她说的。"他说道，"那不是谋杀，而是一件比那严重得多的事情。我知道，因为我经历过，很多次。"他看着医生，蓝眼睛里充满坚毅："她说得对，我们没有疯，但如果待在这里，我们肯定会疯。"

其他一些病人点头表示赞同。

"依我看哪，"佩吉插话道，"医生们是在尽他们所能让我们生活得更好。我们一天三个饱一个倒，还能洗上热水澡——这不比英国战时强多了？这儿就是疯帽子之家：我们都有点儿疯，就连护士和医生们也是。"

各种提问开始在整个屋子里蔓延开来，因为每个人都加入了讨论。

"谁来评判疯的程度？"

"如果我们都是疯的，那谁又能分辨怎样才是正常？"

"疯也就是正常？"

"也就是说，要想理智就必须得疯。"

"如果医生疯了，那我们就必须运营好这个团队！"

"我喜欢做个精神病。字典里说，'精神'的意思是'与思想有关，不需要书面符号参与的活动'。那不是疯了。"

护士虽然在脑海里敲响了一个惊恐的小小警钟，但她仍然拍着手引起大家注意："谢谢大家的发言，你们的讨论太精彩了，也提出了许多值得思考的问题。下面我们请约翰逊医生说几句，然后大家就能去吃午饭了。"

医生抬起头，带着训练有素的完美笑容，理了理放在腿上的纸张，他开始读道："佩吉，你这个周末可以回家，两个星期后再来见我。以下人员也一样……"接着他读了几个人的名字，然后继续说道："周末放假的人员名单已经贴在黑板上了。今天下午会组织一场外出，大家能参加的都参加一下。"

"我们要去哪儿？"有人问。

"你们要去动物园。"

187

这看起来很合适。

在医院期间，我注意到自己的心跳有时很不规律——有时我会觉得气短，感到喘不上气，头晕。医生说是服药过量引起的心律失常，不必担心。他给我开了药，叮嘱我感到不舒服的时候吃，还说这个毛病这辈子都会跟着我了。

"确保身边随时带着药，不要压力太大，别抽烟，别喝酒，好好吃饭。"我不抽烟，那时也不喝酒，但之前的几年确实造成了伤害。显然不只我的精神在努力对抗压力，我的身体也在努力。

医院是一个让人感到压抑的地方。我们在五楼，并且出于显而易见的原因，所有的门都是锁上的。然而，每一天，亚当都要检查所有的门锁。有一天，他发现阳台门没锁——要么就是没锁，要么就是他研究透了如何开锁。无所谓，反正结果都一样。没有丝毫犹豫，亚当直接冲向阳台，跳了下去。

当我们被告知亚当自杀身亡时，我为他高兴。对他来说，那是除了变成植物人以外，能逃离医院的唯一途径。

两周后，我被释放了。时至今日，我仍然时常想起在那里遇见的人，他们用自己的方式教会了我如此多关于人生、关于心智健全的道理。

书店里的故事

—

作为遗物的书以及那些爱它们的人

我从儿童书店收获的最大乐趣就是见证了书在孩子们和他们的父母、祖父母以及外祖父母之间编织的纽带。当孩子紧紧抓着一本他们实在想要的书时，他们不仅仅是被赠予了一本书作为礼物，更是踏上了一条充满了奇闻逸事和真正故事的人生道路。

总有一天，他们会为自己的孩子读起一本很可能是他们自己儿时被馈赠的来自小书店的书。

有一位老奶奶，玛格丽特，几乎天天都来，带着她诸多孙辈中的一个、两个或三个。她坐着给他们读书，温柔地鼓励小家伙们翻书时要小心，然后在他们选中一本要借或要买的书时，轻轻地坐在旁边的一把小椅子上。

不幸的是，玛格丽特十岁的外孙托比最近因为癌症去世了。她告诉我后，我坐在门阶上，感到极其悲痛。我的另一位常客最近也去世了，他才五十来岁，本来就已经够年轻的了，可是这个脸上总是挂着笑的爱读书的男孩……太令人悲伤了。我思前想后，决定给托比做一个纪念牌匾，挂在儿童书店的店门上方。我选了一块椭圆形的匾，放上了托比的照片，并在牌匾的黄色背景上刻了这样一行字："托比最喜欢的地方之一：儿童书店"。我把这个想法和玛格丽特说了，然后收到了托比妈妈写来的便条：

亲爱的露丝：

妈妈告诉我你们的谈话——非常感谢你愿意纪念托比以及他对阅读的热爱！托比的兄弟们（费利克斯和奥利弗）做了一些澳新军团饼干，谨与你们分享。

爱你的，卡罗琳、本、费利克斯、奥利弗、费恩，

以及永远的托比

我为牌匾选择了黄色，因为我希望它能传达幸福，而不是悲伤。上面的文字也不是一种纪念，而是为了反映托比喜爱的事物。他从今往后永远都是儿童书店的一部分了。每天早上，当我打开店门时，我都会说："你好啊，托比。"并想起这个无比热爱书籍的十岁男孩。

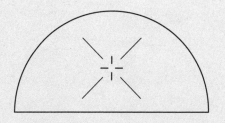

- Chapter 18 -

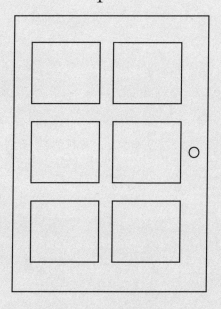

第十八章

结婚和野生动物园

被从精神病院放出来后，我回到了圣米迦勒教堂，并受到了极大的欢迎。菲尔神父之前已经雇了一个人代替我当管家，但他仍然把公寓给我用，想住多久住多久。有一大摞信件等着我，都是我在医院时因不让收信而攒下的，包括爸爸和他的新妻子琼的来信，姐姐吉尔的来信，还有斯蒂夫的来信，他是一个我在拉包尔开咖啡馆时经常光顾的朋友。他如今在马当（也在巴布亚新几内亚）工作，给我写信是告诉我马当旅馆的办公室经理一职空缺，我应该应聘一下。

我给旅馆打了电话，在电话里当即得到了这份工作。我把约书亚的十字架收拾好，准备把它和我在悉尼的大茶箱子存在一起。入境许可一到，我就收拾了我为数不多的随身物品，踏上了返回巴布亚新几内亚的旅途。

和我以往许多次临时起意的行程不同，这一次感觉好像是要回家，我很兴奋。巴布亚新几内亚是一个我熟悉的地方，从许多方面来说，也是我热爱的地方。也许此刻我能够称得上是一个"海外归来的游子"？

斯蒂夫有一个小公寓，我搬过去和他住了。我们都知道，我们的关系不会有未来，但没有期待反倒轻松。我到那儿几个月后，他的合约到期了，于是离开回了澳大利亚。我搬进了酒店的员工宿舍。

马当酒店是当地的酒吧，这里的常客都是在海外生活的人，以及在新几内亚边远地区工作的人——建筑工人、教师、水手、种植园经理，他们休假时会到这里来。其中一人叫托尼，是个金发碧眼的澳大利亚电力工人。我们的关系缓慢发展，建立起了深厚的友谊。但眼下出现了一件棘手的事——自斯蒂夫走后，我已经两个月没来月经了。匆匆忙忙去了趟医院，我发现我怀孕了……

马当的医生记录过我的既往病史，非常明确地告诉我，导致约书亚失去生命的血液也会危及这个孩子的生命，以及今后我每一次怀孕都会面临这个问题。唯一的选择就是终止妊娠，同时做输卵管结扎，以确保我不会再次怀孕。

我吓坏了，但同时也有一种如释重负的感觉，觉得终于不用再纠结这个问题了。我一直都害怕自己再失去一个孩子。我不再视自己为一个天主教徒，而且我培养起了一种强烈的女性主义意识，所以我同意终止妊娠。医生确凿无疑地告诉我，我别无选择，必须尽快把它拿掉。

不到两天，我就不再是一个孕妇了，我的输卵管也做了结扎。

托尼在马当生活和工作，还在那里等着我。他什么问题也没有问，直接把我从医院接了回去，照看我，在我哭的时候抱紧我。

那时我二十九岁，托尼二十六岁。托尼有一种野性和冒险精神，和我的上一段认真的恋情——马特，是完全相反的两种人。

托尼的合约到期后，我们决定回到澳大利亚并结婚。我给爸爸写信，也给墨尔本的菲尔·史密斯神父写了信，告诉了他们我的计划。我至今仍然保留着菲尔神父在 1976 年 6 月写给我的回信：

非常高兴收到你的来信，并得知你完全沉浸在找到共度一生的伴侣的兴奋和喜悦中。我稍作思索才给你写了回信。从你的信里能看到一如既往的你，在寻求某种安慰，我当然很乐意给你这样的安慰。

就这件事而言，你不是"普通人"或"年轻人"。你的敏感远远超过一个普通人，所以你的观察很精准，而且你具有非同寻常的无私潜能。有没有可能，除非你控制和节制这种潜能，否则你的敏感会再一次受到打击呢？

生活不是完美的，这是我不断提醒自己的一件事。一个人如果想要求得内心的安宁，她自己的人格必须被牢牢地锚定。于你而言，你比大多数人更需要找到一个和你一样的锚。

他说得太对了。多年后我重新读这封信时，我意识到，事实上，他所有的担心都成真了。做出跟着托尼回到澳大利亚这个决定，就是我又一次抛出的一个即将开始动摇的锚。

关于我一声不吭就离开的马特，我想了很多。通过我在拉包尔的好朋友帕姆，我得知马特当时极为悲伤。我真诚地希望他能找到幸福，和一个以他真正应得的方式爱他的人结婚。可是当我们离婚时，我感到空虚，非常悲伤，完全迷茫。

有什么比一段新的恋情更能填补空虚呢？我不会再回头——已经翻篇了，已经到下一个篇章了。

我开始了和托尼结婚的全新生活。

一开始我们和托尼在悉尼的父母同住，直到我们在阿米代尔附近的新英格兰岭找到了一小块地。那里有一座古雅的两居室小屋、一个大的牲口棚，还有两头奶牛。我们的房子在一条土路的尽头，被桉树包围着，屋外有一座大大的牧场，通往一条小河。我们靠雨水生活，雨水从屋顶流下来，被储存在一个大水箱里。我们只有一个位于野外的厕所，离房子很远。

我热爱那片地方、那座房子，以及那两头牛（我还给其中一头挤奶）。没过多久，我们的家又添了一条狗和两只猫（那时我还不知道猫会对野外生活造成如此巨大的灾难）。我不害怕腿长

12厘米的巨大猎人蛛，这种有毒的红背蜘蛛喜欢住在外屋。我也不害怕偶尔出现的蛇——我们发现它们害怕我们更甚于我们害怕它们。

托尼做电工，我在一家工程公司找了份工作，帮他们记账、算工资，做一些基本的行政工作。做了一段时间，了解了商业大楼的钢结构构造后，我转行找了一份全职的建筑绘图工作。这是一份非常刺激、有趣的工作，在我的生活遭受了如此长久的挫败之后，为我开启了一段幸福的时光，起码在最开始是这样。

我和托尼是于1976年在他父母的后院结的婚。那是一场只有家人参加的简单婚礼——家人也包括我养的一只小袋鼠，为了这件喜事我还给它戴上了一条红丝带。我的家人一个也没到场。我们穿着经典的嬉皮士服装，托尼穿了喇叭裤和长衫，我则穿着绿白相间的长裙和拖鞋，头上插满了头花。

托尼的父母给我们买了非常朴素实用的结婚礼物——床单、锅具、毛巾、大碗。我爸爸则给我们买了一头怀孕的大白母猪！我给她取名"霍华德"，跟我爸的名字一样。我常常会想，还有多少别的女人会收到一头怀孕的猪作为结婚礼物……

事实证明，霍华德是一头脾气很差的猪，她撞坏了围栏，拱出了水坑，托尼刚给她把窝垒好，她就立马把它摧毁了。总之你得一直盯着她，丝毫不能松懈。我确信她需要陪伴，所以我要在那片区域找到另一个养猪的人。最终我找到了一个拥有三头母猪和一头叫鲍里斯的公猪的人，更重要的是，为"祸精霍华德"找到了一个归宿。

迈克尔来自比利时，在携妻子来澳大利亚定居前，他曾在外籍军团待了许多年。他热爱猪，非常健壮，而且对所有事都一丝不苟。一旦做出一个决定，他就毫不动摇，因此他的职业道德毋庸置疑。我们决定共同建造一座散养猪场，供四头母猪和鲍里斯居住。鲍里斯是一头巨大的、脾气温和的黑白花猪，他对每个人、每件事都有着绝对的热爱。他在自己的小世界里无忧无虑，因为他过的简直是神仙日子。

最后我们达成合作，注册了一家养猪场，名叫"怀帕帕猪场"。注册猪场意味着我们可以从银行借3000美元，然后我们买了更多的母猪，这可把鲍里斯乐坏了。到1978年，我们共有22头母猪、3头公猪、37只刚断奶的猪崽和49只还在吃奶的猪崽。

猪崽的死亡率很高，因为母猪翻身会压死它们，于是我决定设计一个钢结构产崽棚来圈养12头母猪。我的设计原理很简单：在产崽棚内设独立窝棚，使其与外面的混凝土区域连通，好让母猪能够晒太阳。最重要的改良是产崽棚的栏杆——每个产崽棚内部都用高约20厘米的钢结构栏杆围起来，并使栏杆固定在墙体上。这样一来母猪就可以躺下，同时给身后的小猪崽留出一片安全区域。改良窝棚总共只花了6000多美元，却极大地减少了猪崽的死亡数量。

我周末在猪场工作，平时在工程公司工作，业余时间还为当地一家建筑公司记账。接受了不会有孩子这个事实的托尼，本以为我们婚后会有大把时间过二人世界。可他万万没想到会有这个野生动物园：两只猫、两条狗、一头奶牛、一头小牛、一只奇奇怪怪的袋鼠和还在吃奶的小袋鼠，还有 150 头猪！

我们刚结婚的头一年半非常幸福。托尼忙于种一小块大麻地，定期"抽烟"，我偶尔也跟着抽一两根。我们的许多朋友也都是"烟民"，我们经常烤大麻蛋糕，或做一些大麻饼干——我接受了它作为我们生活的一部分。

市议会抛出了一个有趣的职位：州政府正在资助新南威尔士农村社区的"社区发展官"。那天我想着要去应聘，本来计划工作完成后先回家洗个澡，换身衣裳，但我刚帮忙把一头暴躁的母猪和一些猪崽全部装到卡车上，就发现时间已经很晚了。我别无选择，只得穿着脏兮兮的猪场衣服和长筒胶靴，顶着满身猪粪味儿就去面试了。我把卡车停在市议会办公室外面，把胶靴脱在门口，提前几分钟走进了考场。

令我惊讶的是，面试居然很顺利，总裁甚至特意出来到卡车跟前看了母猪和猪崽。我想可能是他对猪的兴趣为我赢得了很多票数：今后我就是上高地社区的社区发展官了。我在这里，受雇于当地政府，而我的丈夫种着一片大麻！

我深度参与了当地许多小社区的诸多事宜，每当我发现一个问题或是社区有什么事，我便立刻建立基础设施，解决这个问题。我的工作囊括一切，从支持煤矿工人，到在偏远地区建立公用电话亭，再到建立青年组织、精神健康组织等。我的工作范围非常广泛，我很热爱我的工作。

在这期间，我还开始在阿米代尔的新英格兰大学学习，研究毒瘾、酒精中毒和女性健康问题。如果我不得不和毒品共存，我就要知道该如何活下去。

托尼的母亲在我们结婚前曾经警告过我，说她儿子脾气不好，但我在我们婚后的头一年半里只见过他偶尔发脾气。他从来没打过我，不过他摔东西，包括熨衣板。他会对我恶言相向，咒骂我，对着我大喊，随后跪倒在地上请求我的原谅。

随着他暴力升级，我开始害怕他了，但这是我第三次结婚，我决心好好经营它。假如我告诉朋友们发生了什么，他们没有人会相信我的——托尼人缘很好，我们的婚姻在表面上也很美满。

然而过了四年，事态变得一发不可收拾。我知道，为了我的人身安全，我得离开他了。于是，在 1980 年，我真的离开了他。他的母亲完全赞成我这样做，因为她长久以来都怀疑我们的婚姻并不幸福。

说来也是奇怪的巧合——而且类似的巧合在我写作本书的过程中发生了许多次——在写作本章前的几个月，我收到了一封来自托尼的电子邮件。我已经三十八年多没有他的消息了，但他的一个朋友在网上发现了我。我简短地回了邮件，没怎么把它放在心上。可是当我开始写到我们的婚姻时，我犹豫了：他的妹妹——如今她的几个孩子都长大了——知道发生了什么吗？他们知道我们为什么分开吗？我知道我们分开后他就因毒品犯罪坐了牢。之所以知道，是因为我和他的父母保持着联系。我还听说他去接受了心理咨询。

我决定给他写邮件问问他的电话号码，并在邮件里解释说我正在写一本自传。回信很直接：他很高兴和我通电话。

我很紧张，真的不知道会发生什么。我本来想写一段关于从被虐待的关系中逃生的故事，可是这会让托尼以及他妹妹的家人付出什么样的代价？

我心一横，拨通了他的电话。让我大松了一口气的是，我们竟然聊得很顺利：这是我在马当第一次认识的那个托尼。聊了一会儿，我问道："那我到底该怎么写？当时的情况太吓人了——我那时很怕你。"

"照实写。"托尼答道。这令我大为吃惊。

"那你妹妹怎么办？还有你的外甥女和外甥们？他们要是看到了会怎么想？"

"我那时候很自私，只想着独占你。爸爸很喜欢你，说我配不上你。我为所有这一切向你说声'对不起'。"

自从我们结婚后，他跟我说过无数次对不起，以至于我对他的"对不起"已经免疫了，觉得它们都只是些无意义的废话。如今，这么多年过去了，我第一次相信了他。我哭了起来，我听到他也哽咽了。

"你那时候怎么那么大的火气？"我问他，"你现在开心吗？"

"我现在很知足。我和交往多年的女友分手了，眼下一个人住，还有一只狗。我现在不怎么发脾气了。你当时离开，我不怪你。"

我们聊了有半个多小时，甚至一起开怀大笑。我现在理解得多了，也感到自己能放下愤怒和疑虑。托尼当时想要的只有我，别无他求。他对我们的未来有规划，我却因为太忙而无暇倾听他的声音。我想要更多。我的生活被各种动物、人物、工作和伟大事业占满了，留给托尼的已经所剩无几。我越没时间陪他，他就越生气；他越生气，我花在家里和他待在一起的时间就越少。这个恶性循环深深植根于我们的生活，直到再无回旋的余地。

"生命中有过你，是我的荣幸，露丝。"他说。

过去已然发生的，怎么都无法改变了。但托尼如今很知足，我也原谅了他，这也是切实的改变。他如今成了我的一个朋友，我们无话不谈。

我们的离婚判决在 1984 年 12 月 15 日正式生效。若是那时候的我能够知道三十八年后的今天最终会有这样一番真诚的对话，我一定会感到欣慰的。

书店里的故事

—

新一代读者

　　许多小女孩钟爱仙女故事——还有讲仙女的故事，她们看到一本书的封面上有仙女便立刻爱不释手。仙女故事，更确切地说应该是童话故事，并不一定总是有仙女，其源头可以追溯至十七世纪夏尔·佩罗（Charles Perrault）《鹅妈妈的故事》（*Les Contes de ma mère l'Oie*）一书的出版。

　　佩罗 1628 年出生于法国，但直到六十七岁时才开始童话故事创作。他的作品包括《灰姑娘》(*Cinderella*)、《穿靴子的猫》(*Puss in Boots*)、《睡美人》（*The Sleeping Beauty*）、《大拇指汤姆》（*Tom Thumb*）等。

　　一天，一个小姑娘来到我的店里，她是一个非常热情的读者，想找一些不一样的书。她选了两本与间谍相关的书，克里斯·赫希曼（Kris Hirschmann）的《间谍 101：密码和解码》（*Spy 101: Codes and Ciphers*）和罗伯特·华莱士(Robert Wallace)的《间谍术：美国中央情报局间谍技术秘史》（*Spycraft: The Secret History of*

203

the CIA´s Spytechs）。

我不知道有多少罗尔德·达尔（Roald Dahl）[《查理与巧克力工厂》（*Charlie and the Chocolate Factory*）、《吹梦巨人》（*Big Friendly Giant*）、《玛蒂尔达》（*Matilda*）的作者，还创作了许多其他作品]的读者知道他曾经有过双重身份——一个身份是作家，另一个身份是英国间谍。他曾经作为战斗机飞行员在部队服役，还在英国皇家空军担任过军官，直到 1940 年，他在利比亚的西部沙漠坠机，受了重伤。住院半年后，他已经不能继续飞了，于是在二十五岁时，1942 年 4 月，达尔被派往英国驻华盛顿使馆，成了一名空军副官。在那里，他在英国陆军情报六局的一个分支机构工作，《007》（*James Bond*）系列的作者伊恩·弗莱明（Ian Fleming）正是他的同事。

1961 年出版的《詹姆斯与大仙桃》（*James and the Giant Peach*）是达尔创作的第一部童话小说，而 1943 年的《小精灵》（*The Gremlins*）是他第一次为孩子们写的故事。这个故事受到了他在英国皇家空军时听来的飞行员故事的启发，讲了一群会导致飞机机械故障的小精灵的故事。

最重要的是，要睁大眼睛，看看你身边的世界，因为最大的秘密总是藏在最不起眼的地方。而那些不相信魔法的人永远不会找到。

罗尔德·达尔在《逃家男孩》(*The Minpins*)中写下了以上文字，这是他从1943年直到1990年去世期间创作的34部童书中的最后一部。

我常惊叹于孩子们读的书。霍莉爱读自然历史，当然还有间谍类书籍。许多十二岁左右的女孩子爱读勃朗特姐妹的书。还有我的一个十三岁左右的常客，刚读完托马斯·哈代的《德伯家的苔丝》(*Tess of the D'Urbervilles*)。在"南纬45度以南"时，我几乎一本经典著作都卖不出去；可现在，我的书架都来不及摆满。太神奇了。

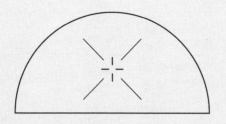

- Chapter 19 -

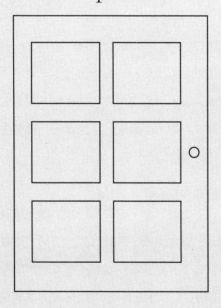

第十九章

一种魔力

那是 1980 年，我辞去了市政府的工作，我们卖掉了农场和我在养猪公司的那一半股份。我收拾打包好我的东西，搬到了悉尼。这次有一条我们的小狗杰里科（昵称杰瑞）陪着我，它是一条漂亮的金色混种犬，前几年总是站在（或坐在）我身旁。我的钱刚好够买下一艘属于自己的小游艇，不过首先，我得先把我的东西存了，我在悉尼的储藏又壮大了。

　　我的奶奶之前生活在澳大利亚。她娘家姓凯布尔，想来一定是名门望族，因为在悉尼有一栋楼和一条小道便是以他们的姓命名的。奶奶的一个远房亲戚，就是我们所说的"杰姬姨妈"，嫁给了威廉·格雷维尔·克罗斯。他是一个警察，曾作为头桨手代表新南威尔士警察赛艇俱乐部参加了 1936 年柏林奥运会的八人赛艇项目。他们没有得奖，不过他带回来了一棵橡树苗，那是希特勒给所有参赛选手的礼物。

　　关于 1936 年奥运会的八人赛艇队，还有一本很精彩的书：丹尼尔·詹姆斯·布朗（Daniel James Brow）写的《激流男孩》（*The*

Boys in the Boat）。故事围绕美国赛艇队展开，其队员都来自中下阶层家庭，他们在大萧条中经济最困难的时期努力赚钱完成了学业。我喜欢看书里所写的如何用雪松木建造小划艇，以及八个桨手和舵手同步配合的重要性。这本书的另一部分写的是希特勒企图在奥运会这一平台的掩饰下对犹太人实施种族灭绝。

杰姬姨妈和比尔姨父都七十多岁了，住在北桥区他们自己建造的房子里，这座房子富丽堂皇，俯瞰着水手湾。比尔姨父长得高大强壮，是个非常严肃的人，他总是穿得利落板正，每套衣服都优雅地搭配一条丝质领巾。他们第一次见面时，他是个风度翩翩的年轻警察。杰姬姨妈年轻时是一个模特，还是新南威尔士第一个女性旅行推销员，为一家石油公司工作。她开着公司的车，抽着长长的香烟，穿着最时髦的衣服。她的一部分工资是以股份形式支付的，所以她离开公司时把这些股票兑现了，而后在悉尼市中心开了一家古玩店。

杰姬是一个非常美丽、独立的女人，直到爱上了比尔，她的余生便都是他了。他们无法拥有自己的孩子，所以收养了一个儿子，姨妈非常爱他。可是比尔是一个残忍的父亲，在儿子很小的时候就把他扫地出门，并且禁止杰姬再见他。杰姬姨妈因此染上了酗酒的恶习。

我在悉尼时时常去看他们。他们是一对古怪的夫妇，家里堆满了古玩，两个人都有各自的卧室。比尔姨父很偏爱我——这个能和他一起聊船，还走遍了许多地方的外甥女。当我带着男友出现时，比尔姨父对他很粗鲁，对我则很冷淡。比尔姨父有一艘已经不用的小帆船，想把它卖给我，但我仔细检查了一番，觉得那不太是我想要的。

"那你想要什么样的，露丝？"他问道。

"我能自己驾驭的，"我说道，"不要太复杂的。"

我找到一艘平甲板型小船：一艘 9 米的双桅轻便帆船，帆很合适，不过没有厕所和浴室，所以船上的空间也相对少一些。此外，没有地方放冰箱，不过这也难不倒我，因为那时我是个素食主义者。我唯一不喜欢的是它的鳍板骨。这艘船名叫"魔力"！我把它买下了。

前船主帮我和朋友保罗把船从悉尼向北开到了科夫斯港。一到那儿，我就开始为接下来要踏上的去昆士兰海岸库克镇的旅行做准备。我把"魔力"两个大字擦得干干净净，买好备用物品，列了物品清单，检查了航海图、电台（那时候小船还没有雷达和地理定位系统）、安全装置、绳子、船锚和索具。我练习着让小船下水，驾驶它，熟悉它的帆装——船桅和风帆等的安装模式。杰瑞会卧在稳稳收回来的船帆上面睡觉。

接着船上又来了一位"客人"，一只小斑猫，是我在码头上捡的。我把她带回来，给她取名字叫鲁德米拉·霍夫曼。我最喜欢的童书之一是保罗·加利科的（Paul Gallico）《鲁德米拉和孤独的奶牛》(Ludmila and The Lonely)。我又刚巧看了一部达斯汀·霍夫曼(Dustin Hoffman)演的电影，于是这只猫咪就叫霍夫曼(昵称霍夫)了。霍夫完全爱上了这条船，她在任何地方都能睡着，甚至可以在书架上窝在几本书的后面。我把一个四周很高的方盆子绑在主桅杆底部，垫上麻袋，装满沙子——这就成了她的猫砂盆。令我惊讶不已的是，就算是天气很差的时候，霍夫也会来驾驶舱，视察海浪和船的动向，只要海面稍微平静一点，她就会从驾驶舱直接跳进她的盒子里。后来我在驾驶舱的墙面上挂了一些麻袋，这样她来了就可以攀在上面。

至于小杰瑞，我把一卷长长的旧绳子密密匝匝卷在一起，给她做了一个小垫子。她总是在垫子上拉屎撒尿。清洁这个垫子，只需要把它放到船舷外，在水里拖行一会儿，再拽上来就行了。

保罗决定加入我们，尽管他对船知之甚少。我很高兴有他的陪伴，也因为没有长途旅行，我觉得他应该可以应付。保罗来自一个希腊东正教家庭，他的母亲已经十分明确地向他灌输了只有"一个希腊好姑娘"才能娶来当老婆的理念。即便如此，我们还是做了几个月的恋人。

1981 年 5 月 25 日，我们离开了科夫斯港。我一直如鱼得水，直到我开始严重地晕船，而我带的晕船药一点儿也不管用。杰瑞、霍夫，甚至保罗，都怡然自得，只有我一个人躺在后面。我知道，在接下来的二十四小时里，我将不仅面临上吐，还有下泻。

记得我说过船上没有厕所吗？解决方式是两个单人铺之间卡一个桶——非常方便，但如果还要吐的话就另当别论了……

东海岸沿线到处都是沙洲，所以从海里进港或抛锚都需要算准时机。理想状态是跟在刚刚打来的浪头后面进港，设定的路线要和东海岸洋流相随，因为它从大堡礁向南流去。那是南太平洋最强劲的洋流之一，在某些位置流速可能达到每小时7节，当你的小船的最快速度是4—5节时，设定路线就尤为重要了。越往北深入，我们遇到的潮汐就越猛：有时浪头能有4米半高。

保罗喜欢奢侈的生活，并在甲板上装了个电视。现在我从当时的日记里找到了几条对当时极差的电视接收信号的描述——每次抛锚时，信号都会跟着受影响，保罗也会跟着发脾气。他不是很热衷于航海，不过还是坚持下来了。我想他喜欢在船上生活这个构想，但是面对现实时，他当然有所挣扎，特别是要在这么一艘小船上生活。他每天都会去捕鱼，霍夫和杰瑞会在一旁仔细观察，每当他捕到一条鱼，她俩比他还激动。

我三十五岁生日那天，我们和其他船只一起停靠在格雷厄姆溪边。那是一条靠近柯蒂斯岛西南角的潮汐通道，岸边长满了红树林，总长约9公里，从最南端汇入纳罗斯水道。当时的潮汐高达4.4米，水流湍急，所以算准通过时间至关重要。但因为浓雾，我们当天不得不搁浅，被迫和巨大的蚊子斗争。第二天，我们和一队小游艇以及几艘渔船一起，摇摇荡荡穿过纳罗斯水道，向大克佩尔岛驶去。

至此，保罗觉得航行并不适合他，他打算离开。我知道，没有他，我的航行会更美好，所以他要离开这件事对我来说很不错。我觉得我们在"魔力号"上共度的时光让他相信我们并非良配，所以那一刻我们便分手了。几年后，他娶了一个希腊好姑娘。

至于我，一路北上的途中有这么多船只，我交了许多朋友。我们一起吃饭，一起上岸，共渡难关，所以我知道就我一个人带着霍夫和杰瑞也没什么大不了。

由于之前有过在海上一口气待了十天的经历，我发现在昆士兰东海岸航行真是小菜一碟，因为只要你想，你几乎每晚都可以靠岸，还可以选择无视坏天气。我听说苦难角附近的一个渔舍有一份厨师的工作，布隆菲尔德河在那里汇入凯恩斯市北部的珊瑚海。我给管理员去了个简短的电话，得到了两个月的工期，只需确保8月最后一周到那儿即可。

我在8月29日把"魔力号"停靠在布隆菲尔德河，结果却发现要想到那个渔舍，得先划半小时船，再穿过一片片满是黄貂鱼、蟹和咸水鳄的红树林——涨潮时可不能这么走。显然鳄鱼尤其喜欢狗，所以我的新老板兼爱狗人士彼得为我安排了一艘舷外发动机小艇。最后，杰瑞、霍夫和我安然无恙地到达了目的地。

工作很简单，七个工作人员为六个富有的客户服务。我为客人们做早饭和要带上渔船的午饭，在准备晚饭并将其端上桌之前都可以休息。

10月下旬我开始往南进发。我在凯恩斯稍作停留，让"魔力号"休养了一下，因为她的船体需要擦洗。由于航行距离急速增长，她还需要做一些维修保养。

海滩上的一个工人深深爱上了霍夫，不是他把她抱在肩头，就是她围着他转。而她完全被他迷住了，一整个白天都和他待在一起，晚上才回"魔力号"上过夜。霍夫十分坚信她的海洋之旅结束了，她要上岸。我敢肯定，她没有我和杰瑞想念她那么想念我们。

北风来了，所以很多游艇向南开去。由于风速稳定在10—12节，我决定直接从凯恩斯开到麦凯，中途在鲍恩停留一晚，预计用时三天。开始时天气非常好，但我马上就会迎来暴风雨。

随后，11月15日，麦凯沿岸地区遭到了飓风、闪电和暴雨袭击，风雨合力掀翻了麦凯港的船只。夜幕降临，"魔力号"还在公海里挣扎。收起的主帆已经从桅杆上剥落，所以只有在后桅保持船体平稳的情况下，我才能驾船往南驶向海港入口。

我向外张望，搜寻着平顶岛的灯塔，它既是河流入口处的标志，也照射着浅水点的浅滩和海波因特港外的一块礁石。按理说，我应该很容易就能找到那座灯塔，可我不知道的是，灯塔的灯早就熄灭了。过了一阵儿我才反应过来发生了什么，不过我也不是很担心，因为我知道导航灯马上就会指引我驶入安全的港湾。

但是根本没有灯——没有灯塔，没有岸边城市的万家灯火，也没有导航灯。

我拿出我的航海图看了又看。我应该就在海港入口附近啊。风浪稍微平息了一些，所以我决定相信自己的直觉，朝海岸驶去。我的耳朵里是浪花拍打着海岸的声音，心头盼望着见到海滩的形状。安全起见，我小心翼翼地和海岸线平行着行船，希望能在朵朵浪花的间隙看到码头的入口。用了将近两个小时，在约莫凌晨两点时，我终于驶进了马凯港，早已筋疲力尽。我的整个身子紧绷着在极度惊恐中度过了几个小时，好在终于挺过来了。

早上，码头管理员过来看我："你到底从哪儿冒出来的？"

我们聊了好久昨晚的事。与此同时，杰瑞跳下船，向岸边游去，迫不及待地要"脚踏实地"。她伏着身子撒了足有大约3分钟的尿。我坐在"魔力号"的甲板上哭了起来。

12月1日，我驶入了科夫斯港。在海上的半年，我一共行驶了2800海里，约合5200公里。又该上岸了。

书店里的故事

一

找寻灯塔

迪伦和他的妈妈凯瑟琳来到店里，只是逛逛，因为被我们的小屋吸引了。迪伦十一岁，在家里接受教育。在家上学意味着他可以深入地探索自己的兴趣。他留着长头发，举止安静，彬彬有礼。我们开始聊他最喜欢的书时，他慢慢放松下来。

他已经开始学习诗歌，并且很喜欢古英语里说话和写作的方式。儿童诗让他感到无聊，所以他和妈妈一起读的第一首诗歌是埃德加·爱伦·坡的《乌鸦》（The Raven）。学习英国历史时，他读了沃尔特·司各特爵士的《艾凡赫》（Ivanhoe），司各特现在成了他最喜爱的作家之一。

和大多数十一岁的孩子不同，他居然也已经开始收集英国骨瓷。我们相识一年多后，一天，兰斯和我应邀到他家去吃下午茶。我们用他漂亮的英国茶杯喝茶，津津有味地吃着他给我们准备的涂满果酱和奶油，还撒了巧克力碎和椰蓉棉花糖的美味司康。

迪伦对阅读是那么着迷，因此我给了他一本我收藏的旧诗集，

《欧文·美乐蒂斯诗集》（*Poems of Owen Meredith*），欧文·美乐蒂斯是利顿伯爵*的笔名。这本书由 M. 贝萨姆 - 爱德华兹（M. Betham-Edwards）作序，大概在 1927 年前后出版。这是迪伦藏书的开始。不久后他们全家去惠灵顿时，他在一家慈善商店发现一本珍贵的《司各特诗集》（*Scott´s Poetical Works*）——皮面装订，大约出版于 1869 年。

迪伦第二次来店里，是他的父母以及姐姐奥利维娅一起来的。他穿着晚礼服，戴着黑色圆顶礼帽，长发在脑后扎起，光彩照人。这一次，他对我未语笑先闻。看到他对书这么热爱，我深受启发，建议他来学习一些书店生意。这或多或少引起了一些关于航海书籍和航海技术的讨论。迪伦不是一个寻常的十一岁孩子。

兰斯是绝对的榜样。迪伦和兰斯之间的友谊在他们研究兰斯的一些旧航海图时迅速升温。迪伦如饥似渴地吸收着新知识，很快就学会了如何读航海图、如何绘制路线图，而这需要对两脚规、平行线尺、罗盘和各种图表缩写的掌握。然后他们开始研究灯塔。

我一直对灯塔很感兴趣。在海上航行多日，终于靠近陆地时，看到灯塔自信而坚定地在黑暗中投射出一束光柱，总会让人松一口气。就算是夜里在靠近海岸的地方航行，看到灯塔也会让你更踏实放心地确定自己的位置。每座灯塔都有一个标志灯，可以帮你辨认出这是哪座灯塔。

---

*　罗伯特·布尔沃 - 利顿（1831—1891），英国保守党政治家，诗人。

我的许多读者都对灯塔很感兴趣，包括它们是如何建造的、灯塔守卫者的故事，以及整个灯塔的历史，等等。一天，一个活泼欢快的英国人走进书店，笑声爽朗，侃侃而谈。他自称约翰，问我有没有关于新西兰灯塔的书。我的书店里有海伦·比格尔霍尔（Helen Beaglehole）的《永远的海洋之声：新西兰灯塔守护人的日常》（Always the Sound of the Sea: The daily lives of New Zealand's lighthouse keepers）、杰弗里·B.丘奇曼（Geoffrey B. Churchman）的《新西兰灯塔》（New Zealand Lighthouses），还有T.A.克拉克（T.A. Clark）的《与海为邻：一个灯塔守护人的故事》（The Sea is My Neighbour: A lighthouse keeper's story）。约翰买走了上述书目的最后一本。

约翰是灯塔管理员协会成员，该协会在英国，致力于灯塔的复兴。他给了我他的名片，我给许多被灯塔的灯光吸引的来客分享了他的故事。

必读的书是贝拉·巴瑟斯特（Bella Bathurst）的《史蒂文森的灯塔》（The Lighthouse Stevensons），这本讲述了一个建造苏格兰灯塔的非凡故事，主人公是创作了备受读者喜爱的《金银岛》（Treasure Island and Kidnapped）的作家罗伯特·路易斯·史蒂文森（Robert Louis Stevenson）的祖先。1790年至1940年期间，史蒂文森家族的八个成员规划、设计并建造了97座有人值守的灯塔，它们如今依然屹立在苏格兰的海岸上，遇到现代工程驾驭不了的情况时，它们依然能发挥作用。

1854 年，托马斯·史蒂文森（Thomas Stevenson）在位于设得兰群岛（Shetlands）北部的安斯特岛上设计并建造了一座名为马克尔弗拉加（Muckle Flugga）的灯塔。这座灯塔高 20 米，于 1858 年首次被点亮，是英国最北端的灯塔。罗伯特·路易斯年轻时跟随父亲造访了这座灯塔，安斯特岛成了《金银岛》中藏宝图的灵感来源。

如果对新西兰南岛的灯塔感兴趣，可以读读这本出版于 2010 年的好书——《福沃海峡灯塔：一部历史》（*Lighthouses of Foveaux Strait: A history*），作者是安吉拉·贝恩（Angela Bain）。

出发吧！去找寻一座灯塔。了解了这些了不起的建筑以后，你也会成为狂热的灯塔迷的。

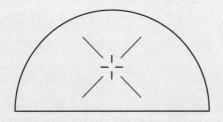

- Chapter 20 -

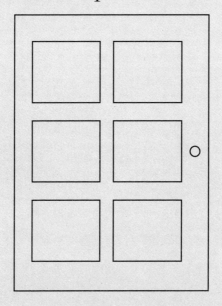

第二十章

多抵抗，少服从……

"魔力号"安然无恙地停泊在了悉尼的水手湾，就在我姨妈和姨父住的地方对面。现在我需要解决上岸后的食宿问题，还得找一份薪酬丰厚的工作。我又没钱了。

  杰瑞由我在科夫斯港附近的一位朋友照顾，他给我打电话说杰瑞和他家的蓝色斗牛犬怀了狗宝宝，他想把她留下。我知道一座悉尼的房子对于一只习惯了海上刺激生活的狗来说不是什么好去处——海上每天都有新鲜事发生，因此我不情不愿地答应了。

  我的第一份工作是给一个意大利老太太做私人护士，我照顾了她一年，我们感情非常深厚。但是塔斯马尼亚发生了一些极其刺激的事情，我也想参与其中。我那时候刚读了一本美国小说，叫《扳手帮》（*The Monkey Wrench Gang*），作者是爱德华·艾比（Edward Abbey）。"扳手"这个词还有一个意思，用来描述一种"非暴力不服从和破坏"的抗议形式。我至今仍保留着这本书：在新西兰不容易买到这本书，或许是因为它至今仍饱受争议，所以一个美国朋友来的时候给我带了几本。

任何一个人如果有兴趣成为一名抗议者，读这本书就对了。它不仅充满了各种建议，而且极其有趣，还引用了很多像理查德·谢尔顿（Richard Shelton）和梭罗这样的作家的美文。沃尔特·惠特曼（Walt Whitman）的一些格言警句就时常回响在我的耳畔："多抵抗，少服从……"

读完这本书，这些名言依然让我念念不忘。我决定我也该去追求我真正热爱的了：海洋、森林、当地的动物和鸟类。所有这些事物似乎都代表着我存在的本质。

我觉得是我的姥爷在我内心深处种下了热爱大自然的种子。我们会划船从派勒湾出发，停泊在利特尔顿港，然后坐下来钓鱼，有时他会给我讲故事，有时一言不发。我们钓够了吃的鱼，他就会把船桨溜回桨架，我们打道回府。

"留够明天的，露丝。"这是他的钓鱼格言。我们挖各种蛤蜊，或从礁石上抓牡蛎和贻贝时，只会拿取当下马上要吃的量。如今的海湾已经没有贝类了，海边只有为数不多的小个头鲍鱼。

后来我在海军部队时，曾参加过一个沿皇后街的小型反对捕鲸游行，但直到二十世纪七十年代，新西兰才从仅仅强烈反对捕鲸转向了积极行动。

1978 年，塔斯马尼亚水电委员会计划在富兰克林河上建一座大坝用以发电。塔斯马尼亚人对这个提案意见不一：许多人出于经济原因支持这个项目，还有一些人则持反对意见，因为富兰克林河谷的水位上涨会不可逆转地破坏该荒原地区脆弱的生态环境。

我一直在关注报纸上关于这件事的讨论，发现反对修坝运动在整个澳大利亚势如破竹地兴起了。塔斯马尼亚荒原协会主席鲍勃·布朗（Bob Brown）振臂高呼，带头举行阻止建造富兰克林大坝的运动。1982 年，他在澳大利亚举办巡回演讲，争取民众的支持。英国著名环保主义者兼植物学家大卫·贝拉米（David Bellamy）和他一起，面向墨尔本 5000 多名听众发表了演讲，随后又一次回到了悉尼。听了他们的演讲，我也下定决心加入这项事业，尽自己的绵薄之力。

按计划，大坝所在地将于 12 月 14 日封锁，届时联合国教科文组织在巴黎的一个委员会将提案把由富兰克林和戈登的野河组成的塔斯马尼亚荒原列入《世界文化遗产名录》。我打算到那里去。

我来到霍巴特，同行的还有许多从别的大洲过来的抗议者。我们提前几天就到了，并立即了解到华纳斯码头附近的大坝所在地需要志愿者。我们约有 2500 人，齐聚此地，奋力阻止着推土机卸货，并封锁了施工现场的入口。

我全情投入，做好了应对任何事发生的准备：我们光脚的不怕穿鞋的。我们有一种强烈的同仇敌忾的情感，我们都知道自己不是孤身一人，这种感觉让人觉得无比踏实，并且充满力量。仿佛过去那些年发生的每一件事都让我变得坚强——不是勇敢了，而是坚韧了，乐于去承担一切后果了。

我在那里待的短短的几天里，有 1500 多名抗议者被捕（不包括我）。鲍勃·布朗是其中的一员，他在监狱里被关了十九天。被释放后第二天，他成了塔斯马尼亚议会的议员。

就连大卫·贝拉米都被捕了，据一份抗议组织的小报消息：

满怀斗志的贝拉米于 1982 年特意抵达塔斯马尼亚，加入到了塔斯马尼亚野生协会如火如荼的运动中——阻止富兰克林河修筑堤坝，并保护其雨林、洞穴和野生动物免遭洪涝灾害。他在塔斯马尼亚富兰克林河的港口围挡被捕，此消息一出，立刻轰动了全世界。

我们知道，在 1983 年 3 月的一场全国报刊新闻运动帮助推翻了时任总理马尔科姆·弗雷泽（Malcolm Fraser）政府的统治后，这件事上升为国家层面的事件。新任总理鲍勃·霍克（Bob Hawke）承诺会阻止堤坝的修筑，但直到 7 月 1 日，高等法院在一场联邦政府对塔斯马尼亚的判决中判定联邦政府获胜后，这场纷争才得以平息。对富兰克林河的保护终于得到了官方的认可，数千名参加抗议的人宣告胜利。

现在我是一个虔诚的环保主义者、抗议者和活动家了。但首先我得重新让我的钱袋子鼓起来。

书店里的故事

欢迎你来，凯瑟琳·曼斯菲尔德

三年前，我在书店外捡到一只鸟宝宝，她双眼紧闭，奄奄一息。我用了好多天鼓励她吃东西，给她保暖，不久后她全身开始长出了柔软的绒毛，看上去十分滑稽。我都不知道她是什么鸟，直到后来她长出了新的羽毛，展现出了鸫的漂亮图案。我们叫她"鸟鸟"。

接下来的一个月里，她学会了飞，学会了自己吃东西，并最终完全成了家养的鸟，和我们待在一起。我在电脑上写作时，鸟鸟就站在我的电脑顶端。我拿起一条牛仔裤到缝纫机上锁边时，她就站在缝纫机的顶端，饶有兴味地看着。她站在窗帘架上啾啾叫着要食吃，累了就猫在兰斯的颈窝里睡觉。我要是出门，鸟鸟就在我身后飞着；我晾衣服，她就站在晾衣绳上；我在园子里忙活，她也在我周围忙着找虫子吃。我们形影不离。

我们去小树林里散步，鸟鸟飞走了，几天没回来。再次出现时，她大声吵着要吃的，于是我在厨房的窗沿上放了一小碟肉末。她狼吞虎咽地吃完，又飞走了。每天鸟鸟都会从窗户飞回来，站在窗沿上，吃着为她准备的肉末，然后消失不见。这是个令人振奋的成果：我把这只小鸟由奄奄一息抚养成了如今这么一只能自由飞翔的漂亮的鸫。

接着，有一天，在吃了大约一周的肉末后，她又没回来了。

三年后的一天，我打开店门，把书摆到桌子上，把写有"营业中"的招牌放到外面，回来坐在电脑前开始工作。一只鸫来到门前，站在门阶下，开始用一种热情的鸣啭试图引起注意。我感到很诧异，因为鸫通常都很胆小，但是这只鸫却盯着我，要求着我的回应。

我突然反应过来了。"是你吗，鸟鸟？"我问道。我跑进屋，从冰箱里抓了一小撮肉末。我们总会化开一些肉末备着，因为我们又喂养过"布朗太太"。那是一只乌鸫，四年来她总是固定到访，还有她的先生，布朗先生，他只是偶尔造访，来取"外卖"。

这只鸫吃到肉末非常开心，吃饱后，又含了满满一嘴的食物飞走了，飞过栅栏，飞回了森林。可能这是鸟鸟在给她的孩子们带吃的？

我无法相信过了三年她居然又回来了。接下来的几天里，她定期报到，先喂饱自己，然后给孩子们外带食物。如果我不理她，她就叫得十分大声。就是鸟鸟，毫无疑问。

我重新给她起名叫"凯瑟琳·曼斯菲尔德"（昵称"凯蒂"），如今她已经成了店里的宠物鸟。她嚣张跋扈地走来走去，饿了就大声叫喊着要吃肉。每个人都很爱她，还有许多人给她拍照。凯蒂总是像个职业模特一样摆出各种姿势，眼神凌厉地直视着镜头。

我在店里忙碌时，她有时就站在门阶上，看着我和客人说话。她会飞进厨房——这个她度过如此多幼年时光的地方，还会和我们去园子里，在她第一次沐浴的池子里戏水。

就这样过了几周，她的孩子们显然已经羽翼丰满，不再需要吃我们给的碎肉了，我们为她准备的食物也由她独自享用。她有闲暇和布朗夫妇一起，在休息室的窗户外面自在栖息了。

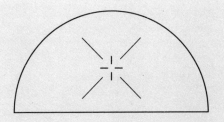

- Chapter 21 -

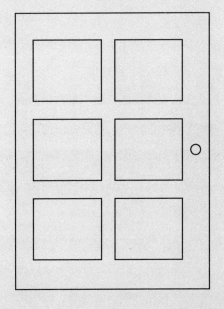

第二十一章

为"反对派"而战

悉尼市贫民救济会贴出告示，要为其位于国王十字区的青少年犯罪中心招募一名处理青少年事务和福利事务的官员。这个中心名叫"反对派"，可以说很名副其实了。我找到了很好的住处，为一个电视广告制作人看管一座俯瞰着薰衣草湾的二层小楼，他常年不在家，辗转于各地拍广告。我完全接管了这座房子，为了回报低廉的房租，我承担起了家务。我给自己买了一辆小汽车，把寄存在外的家当取了回来，包括约书亚的木头十字架——它仍然包在麻袋里，并开始在"十字区"工作。

　　国王十字区一直以来都是一个和生活中乌烟瘴气的一面联系密切的地方。头几个星期里，我的任务就是让自己尽快熟悉这片区域，同时也认识一下经常光顾"反对派"的那些站街做那种买卖的人。"国王十字"一开始叫"女王十字"，原是为了纪念1897年维多利亚女王在位六十周年庆典而得名。但是"女王十字"容易和女王广场（位于国王大街）搞混，所以在1905年，"女王十字"就变成了"国王十字"，以爱德华二世国王命名。达令赫斯特路、威廉大街和维多利亚大街成了我最爱去的地方。我不在"反对派"时，就在外面熟悉这片区域丑陋的街巷。

没过多久，我就赢得了做皮肉生意的女孩子和男孩子们的信任。我很快了解到这里的警察不值得信赖，特别是缉毒警。我做了一些名片，逢人就发给他们。上面只有一些基本信息：我的名字、我的电话，还有一句"有需要给我电话"的说明。我惊异于这些名片的传播效率，于是我好几个月里都不断地做着更多的名片，并把它们分发出去。通常我一上班，就有人在等我了，或者电话就响了，接电话的人告诉我："露丝，又有你的电话。"

温蒂，一个二十二岁的站街女，成了我的中间人。她做这个已有些年头，对一切都了如指掌，诸如发生了什么啦，谁在做什么啦，该躲着谁啦，等等。温蒂有她的原则。她是为数不多的不碰毒品的人之一；她唯一的目标就是挣足够多的钱，给自己买一套房子，至于其他的，"去他们的"。

一天我在街上跟她聊天，一辆警车开过来停在我们旁边。我还没来得及开口说话，温蒂就喊道："走开！"

"怎么了，温蒂？"车里的警察一边把车窗摇下来，一边问道，"交了个新朋友？"

我走到车前，递给他一张我的手工名片。"我是露丝，'反对派'新来的。你呢？"

"妈的，又一个该死的教会疯子，"他不屑地说道，"你干不长。"

"懂点礼貌——起码表现得体面些，如果没那么难做到的话。"我答道。

他从车里跳下来，打开后座的门，抓着我的胳膊，把我推搡进了车后座。

是的，我感到害怕。温蒂警告过我，说警察很腐败，我也知道会被他们上什么样的手段。这才是我工作的第二周，我就已经开始在警察这里混了个脸熟了。

"闭嘴，听着。"我一进车里，那警察就对我说道，"不要试图操控，也不要惹麻烦，只需要做好你那该死的愚蠢的工作就好，别插手。"

"别插手什么啊，警官？"我尽量装作无辜地问。

"天哪！离那些卖的远点儿。坐在你那该死的办公室里，管好你的一亩三分地，写写东西就行了！想做什么做什么，总之别跟这些烂人打交道！"

"依我看，我现在就正和烂人坐在一起。"我平静地回答，然后我突然反应过来，我是怎么说出这话的？！

那个警察转过身来看着我。我也瞪着他，眼神丝毫不避让——我还有什么可失去的呢？

"我们会他妈的监视着你的。敢越雷池一步你就完蛋了。滚下去吧。"

"谢谢你的提醒，警官，"我一边下车，一边说道，"再见。"

温蒂本来已经溜了，不过她又回来找到我，拥抱了我。"这帮混蛋！"她说，"你没事吧？"

"没事，事实上我觉得好极了！"

从此便开启了我和国王十字的地方警察以及缉毒警们日益剑拔弩张的周旋。

悉尼市贫民救济会在"反对派"中心设有几张床、热水淋浴、夜宵还有咨询，但我们最重要的角色是对那些走进我们这扇门的人表达友爱和理解。许多做皮肉生意的人只是需要一个安静的地方休息，或是一个拥抱。我向来不吝惜拥抱别人，因此这对我来说不是难事。这也给我一个快速了解他们的体重（几乎总是过于消瘦）的机会，并且我总是能闻到酒精和毒品的气味，往往还伴随着刚接完客的气息。掌握了这些信息有助于我尽可能地多帮助他们一些。

西蒙，一个年轻的男妓，十四岁时发现他的妈妈死在了自己的车里——她在他们家车库里开毒气自尽了。他说汽车尾气让他想吐，可他没有办法摆脱。如今他十九岁，成了一个靠肉体赚钱的小伙子，靠在墙上，等待着被某个开车来寻欢的人接走。他给男人口交收 20 美元，花 40 美元他们就可以和他上床。他自轻自贱，酒瘾已经很严重，喝的是那种大肚酒瓶装的廉价波尔多。

我第一次见到西蒙是在福斯特街，那是附近的一条偏僻死胡同，狭窄而幽暗。林立的商业建筑笼罩在上空，把这条小巷严严实实包围起来，只留个出口。在半路上，箱子的右手边，我发现了一个有着厚重铰链盖子的商务垃圾桶。里面的街头垃圾只占很少一部分，其余都是一些纸啊，箱子啊，废弃咖啡杯，废弃文件，还有其他办公废弃物。

我前不久得知这个垃圾桶对那些无家可归的人来说是个很好的容身之处，使用它的人都秉持着"先到先睡"原则。这天晚上，西蒙抢到了居住权。他满头金发油腻腻的，脸色蜡黄，一对眼睛极其忧郁。

西蒙成了救济会的常客，他通常会胡乱吃几口东西，洗个澡，聊会儿天，然后迅速溜回街上。那时候艾滋病还没有在这片区域肆虐起来，但许多男孩已经在一些性传播疾病和乙肝检测中呈阳性。西蒙二者都有。就在我在垃圾桶见到他后几个月，他病得很厉害，最终在那个巷子里孤零零地死去了。

凯西有着黑色的短发，长着一张古灵精怪的脸。她很矮小，暗淡无神的双眼在花哨而俗艳的化妆品的映衬下总算显得有些明亮。她是从珀斯逃来的，因为她的继父对她实施了性虐待。她从纳拉伯搭便车而来，一路到了国王十字街。温蒂带她来见的我。

"她刚才站在苏的地盘！"温蒂说，"幸亏我在苏回来前及时看见她了，否则苏会把她打个半死的。"许多女孩在街上有固定的"领地"，每个人都在各自的领地上辛勤耕耘着。得有个先来后到：如果你是新来的，则必须到生意没那么好的地方拉客，再慢慢往上爬。

凯西穿着一条紧身牛仔短裤，薄薄的蓝色短衬衫在她小小的胸部底下扎起来。她脚踩一双高跟鞋，光着两条腿，看上去那么年轻。温蒂义愤填膺。"从外表看，她肯定只有十四岁。想想办法，露丝！"她强烈要求道，"看看她的胳膊——她已经沾上了！"

"我十八岁了，我只是长得显小而已！"凯西大叫道，显然是在撒谎。

短短几周，凯西已经在自暴自弃的路上越走越远。她吸食的海洛因通常被伪装成老鼠药，一点点就要 75 美元。她年轻，又是新来的，所以在这几条街上很快就变得大受欢迎，立刻就积累了几个常客。一开始她还让他们戴套，但是如果她允许他们不戴，他们会付更多的钱。

我想办法把她送到一个女子收容所，但过了不到一个月，她就又回到街上重操旧业了。这已经在她身上循环往复了数次，我们都做不通她的工作。不过她还是继续来看我们，常常在极度的精疲力尽中瘫在椅子上沉沉睡去。

还有"黏液"。他上楼来到我的办公室，站在敞开的门口问："你就是露丝？"

"是的。进来吧，如果你愿意，也可以坐下。"他长得很敦实，穿得很漂亮，黑色的头发很干净，指甲被咬得豁豁牙牙的，胡子剃得乱七八糟。"你是？"我问道。

"叫我黏液就行。"

"没别的名字了吗？"

"有，但你不会感兴趣的。"

"好吧。"

"你帮了我们的一个同伴，我只是过来考察一下并感谢你。"

"考察的结果，我算是符合你们的要求吗？"

他点点头。"我有你的名片。"他咕哝着，从口袋里摸出一张名片，"我只是想问问你周三能不能陪我上趟法庭。没什么大事——我又做起生意了。"

黏液管理着一群毒贩。他对卖淫生意不感兴趣——"我才不做那种狗屎。我帮他们从那摊烂泥里爬出来。"在他看来，他是在帮助他们。我从黏液那里了解到了很多国王十字区毒品交易的事。他告诉我谁是拉皮条的，谁是大毒枭，以及政府内部的腐败，还有一些毒贩子给警察交保护费求庇护。

黏液希望我去为针对他的庭审做身份证明："就说你认识我之类的。警察想放了我，而不是把我关起来。"

我坐了几分钟没说话。这感觉像是个危险地带。如果接了这活儿，就可以基本认定我是在对警察的腐败行为助纣为虐。

"我不能那么做，黏液。"

他低头看看自己的脚，然后耸耸肩："糟心的事多着呢，干吗不试试。"

几天后的一个晚上，我正忙着把晚饭端上桌。远处的角落里，一群人在看一个人做俯卧撑："……二十八、二十九、三十！"我走过去看。黏液走上前，踢了那个人一脚——他此刻正躺在地板上："你觉得这就是俯卧撑了吗？再好好想想，白痴。"

黏液趴在地上，开始做起了单手俯卧撑："这才是俯卧撑。两只手做算什么！"

做了三十下后，他站起来看着我。"嘿！露丝！不用你帮忙了。警察撤诉了。"他笑着，冲我抛了个媚眼，然后离开了。

我第一次见到萨莉-安·哈克斯德普时，她已经做这个生意十多年了。她是个将近三十岁的漂亮女人，十七岁时便嫁给了瘾君子布赖恩·哈克斯德普。为了维持他的生活习惯，她操起了皮肉生意，起先在卡尔古利，后来在悉尼，并且在那儿她也染上了毒瘾。这段婚姻注定以失败告终。1981 年，她遇到了沃伦·兰弗兰基，一个毒贩子，阿瑟·内迪·史密斯（Arthur 'Neddy' Smith）的跟班。阿瑟·内迪·史密斯是一个臭名昭著的大毒枭，

237

曾因贩毒、盗窃、武装抢劫、强奸以及与其他一系列谋杀事件有牵连而入狱。

内迪是有警察庇护的那些毒贩子之一。他的许多罪行都得到了警探罗杰·罗杰森（Roger Rogerson）的许可——直到写作本书时，罗杰森还因为谋杀罪在监狱里服刑。萨莉 - 安搬去和沃伦住了半年后，沃伦就被罗杰森射杀了，据说是正当防卫。但萨莉 - 安坚信那是蓄意谋杀，强烈要求调查。她把这桩案子公之于众，并在《新闻 60 分》（60 Minutes）、《焦点时事》（A Current Affair）等新闻节目中露面，称有一队以罗杰森为首的腐化堕落的警察，包庇且维系着悉尼毒品交易，并且除掉那些碍事的罪犯。

1984 年年中，萨莉 - 安给了我一封信，信中写了非法毒品如何被带往澳大利亚，还附上了涉事人员的名单，包括一名爵士，数名远近闻名的律师、高级警察和媒体人。萨莉 - 安知道自己的生命随时处于危险之中，倘若她真的不幸遇害，她希望我将上述信息公之于众。我向她保证我会拼尽全力。

关于罗杰森和这些犯下罪行的成员以及缉毒警的热度不断上升。萨莉 - 安向新南威尔士州警察内务部提起诉讼，事无巨细地讲述了有关他们贪污腐败、篡改证据和谋杀等一系列罪行。最终这一切都将被递交到新南威尔士州警务服务中心的皇家委员会（伍德皇家调查委员会），但直到 1995 年才得以落实。遗憾的是，为时已晚，并没能救下萨莉 - 安。

238

书店里的故事

弗兰克，热爱火车的流浪者

一个体格非常健壮、皮肤晒得黝黑的德国汉子来到店里。他穿着一条短裤、一件套头羊毛衫，脚踩一双昂贵但破旧的登山鞋，背上背着一个巨大的背包。他的名字叫弗兰克。

他想要一本书，好在下次到隆丘步道徒步时带着。他问我有没有关于火车的书。我当时只有一本，不过我告诉他还有两本在路上，周内就能到。后来我得知弗兰克是一位作者、书商兼历史学家，在小镇贝尔加开着一家自己的图书公司。弗兰克热爱火车：他的名片上就印着火车，他的网站设计也有很多火车元素，他还说他卖的书很多都和火车有关。

我们讲好了，他从步道回来，就来和我们住几天，在我们的森林里工作。我们有聊不完的话题，而且到时候另外两本有关火车的书就到了。

和我一样，弗兰克也管他的图书公司叫"小小的"公司。他的父亲打工打腻了，于是在2001年创办了这份双重家业（自由新闻工作和图书出版）。他的爱好是铁路运输和工业遗产。渐渐地，他开始关注褐煤和板岩开采，也关注德国工业铁路。

弗兰克 2003 年大学毕业后就开始和他的父亲共同经营这份产业。他于 2014 年正式接管了家业。

努力找寻了许多年后，他终于得到了以前的一份地域性报纸《大众观察》(Volkswacht)的照片档案。该报纸首次发行于 1911 年，在 1990 年以前一直由德国共产党掌管。不论是这些照片，还是它们得以幸存下来的过程，都非常令人难以置信，于是他们围绕这些照片写了一本书！

对弗兰克的父亲而言，这是一场重返旧时光的时空穿越之旅，因为他从 1977 年起就为《大众观察》撰写有关当地的历史事件和经济状况的报道，整整做了十年。1987 年，他因为对该报的政治路线感到不适而想要离开时，却被告知："没有人可以退出！"不过最后他还是成功了，并且开始为一家出版社工作。

弗兰克如今正在写他们的板岩开采系列丛书的第四卷。他追寻到一位过去的矿工，这个矿工搜集整理了自己在矿上工作那些年里的历史档案和文件。弗兰克把这些资料都打包好，存放在闲置的炸药箱里。想象一下，当他把六十个炸药箱搬到办公室时，他的同事们该作何感想！

弗兰克和我们待了五天，认真工作，啃完了许多书。他走的时候，我给了他两本书带上——杰夫·查普尔(Geoff Chapple)的《徒步穿越新西兰长步道指南：蒂阿拉罗阿》（*A Walking Guide to New Zealand's Long Trail: Te Araroa*），还有西蒙·温彻斯特（Simon Winchester）的《改变世界的地图：威廉·史密斯和现代地理的诞生》（*The Map That Changed the World: William Smith and the birth of modern geology*）。我希望那本徒步指南可以诱惑他回来看看他种下的那一小片树林，我们如今管那块小地方叫"弗兰克林"。

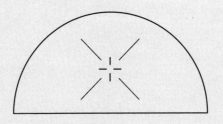

- Chapter 22 -

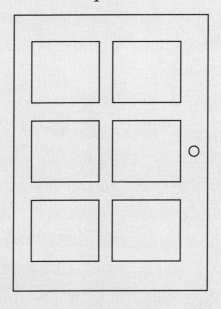

第二十二章

家的召唤

1984年9月，我的姐姐吉尔从新西兰给我打来电话。她不久就要在因弗卡吉尔动一个大手术，问我可不可以回去，在她从手术台上下来后帮忙照顾她一下。

我从"反对派"请了两个星期的假，飞回基督城的家里，和爸爸及继母待了几天，接着动身前往克伦威尔。

回到家的第二天，我接到一个电话。

"你好。我想你听不出来我是谁，但我必须打这通电话。"

他是对的，他的声音我确实一点都想不起来。"谁啊？"

"先回答我一个问题再说别的——你还是天主教徒吗？"

我立刻便知道这是兰斯。距离我们上次在斯图尔特岛说话已经过去十七年了。"兰斯！"

我不敢相信——我喜极而泣。

"你怎么知道我在这儿？"我问道。

这个故事可太有新西兰特色了。乔西，吉尔在因卡吉尔医院时邻床的女病友，是兰斯的一个朋友。两个女人闲聊，聊着聊着，吉尔提到她妹妹要从悉尼过来照顾她。乔西偏巧提到了她的朋友兰斯，吉尔也偏巧讲了我和一个叫兰斯的家伙在斯图尔特岛悲惨的订婚故事……大家恍然大悟。吉尔把自己的电话给了乔西，让她给兰斯，他打来电话后，吉尔又把我爸爸家的电话给了他。

"我过去接你怎么样？我八小时后就能到。"

然后他就到了，八小时后出现了在门阶上，帅得不可思议，黑黑的头发和胡子，那双温柔的眼睛一点儿也没变。他完全是我记忆里的那个男人，分毫不差。我们仿佛又从斯图尔特岛相互分别的那一刻再续前缘，那已经是差不多二十年前了。兰斯如今在位于峡湾海岸环保部的一艘名为"名望号"的船上当船长。

这对我们俩来说都是一个特别的时刻。我简直不敢相信他找到了我。兰斯刚刚经历了一段撕心裂肺的离别之痛。一年前，他出海回到家，却发现妻子留了一张字条，说她要离开他回墨尔本的家，还带走了他们的儿子戴恩。他做了一切努力，想要挽回他的家人，但是没能成功，一度陷入了极度消沉中。然后我就回到了他的生命中。

我仍然留着我二十一岁时我们打的结婚戒指。兰斯告诉我，他的戒指原本一直戴着，可是当他在布干维尔岛停泊一艘小型商船靠岸时，系泊缆绳从他手指上把戒指给"掳"走了。

第二天，我们开车去往克伦威尔，这让我们有了六个小时可以在车里说话的时光。在奥马拉吃过午饭后，我们在路边紧紧相拥。我感觉我终于找到了家，我找寻了如此之久的家。

兰斯第二天必须回到海上，而我则和吉尔待了一个星期。然后兰斯来接我，带我去了马纳普里，我们过了快乐得无与伦比的两天。我决定卖掉"魔力号"，辞掉国王十字区的工作，回到马纳普里和兰斯一起生活。这听起来并不复杂，但我早该知道，事情不会如此简单。

我回到悉尼，开始有序地着手处理我的事务。接着，我听说一个叫迈克尔·德鲁里的年轻警察被隔着窗户射了两枪，当时他正在自己家的厨房里给三岁的女儿喂饭。他活下来了，并断言臭名昭著的罗杰·罗杰森应该对此事负责，因为德鲁里拒绝收受对方让他篡改一桩毒品案件证据的贿赂。

事情就这样传遍了大街小巷。我知道萨莉－安交给我保管的那些资料足以把罗杰森送进监狱，不光是罗杰森，还有一连串其他声名显赫并且备受尊敬的人。我跟当了一辈子警察的比尔姨父说了这件事，问他是否认识某个正直的警察，或别的什么人，一旦萨莉－安出了什么事，我可以把这些资料托付给这个人。读了信里的内容后，比尔姨父让我不要相信任何人，并让我寄一份复印件回新西兰给兰斯，把原件藏起来。

　　但我没有这么做。我十分愚蠢地决定信任一个我经常在街头和法庭遇到，也偶尔在警察局见到的记者。他当时正在写一些看上去很符合事实的报道，试图揭露警察的腐败，我觉得他会是一个很好的盟友。我和同事蒂姆一起和这名记者见了面，并告诉了他我所掌握的一些证据。结果似乎是，当天晚上他就径直去把这件事告诉了缉毒警。

　　一天早上，在"反对派"忙了一整夜后，我和蒂姆正分别走向我们各自的车。快走到时，我们注意到蒂姆的车车门都开着，车斜停着。它已经被烧坏了，一侧的轮胎已被砍瘪，车窗被敲得粉碎。

　　我们俩立刻明白，我们必须得离开悉尼了：这显然是一个警告。我的车完好无损，所以我们没有停留片刻哪怕收拾衣服什么的，就立刻开车去了墨尔本——约莫开了九个小时。蒂姆的姐姐帮我们给工作的地方打了电话，说我们北上去看望蒂姆病重的妈妈了。事实上我们正往相反的方向开。我们潜伏了一周，这期间兰斯因为没有得到我的消息而分外担心，可我们太害怕了，根本不敢给任何人打电话，生怕将自己和我们爱的人置于险境。后来我独自开车回到悉尼，蒂姆则是坐火车回去的。

　　回去后，我给兰斯打了个电话，简短地告诉他发生了什么。他立刻表示要过来帮忙。

　　"你什么忙也帮不上。"我告诉他。我眼前浮现出一幅兰斯身骑白马沿着达令赫斯特路赶来的画面……他在峡湾时做过猎鹿人，所以十分擅于使枪，可这完全不一样。他不熟悉当地的"森林"。

"我会尽我所能赶快回家的。"我向他保证道。

几个星期后，"魔力号"就被挂在市场上了，我的木头茶箱子和约书亚的十字架也都打包好并寄往了基督城，我的车也卖掉了。我和所有在街上认识的朋友道了别，多少有点恋恋不舍，希望能留下来，但心里又自知这是不可能的。我如今有了一个回到家中、重新开始一切的机会。经过这么些年瞬息万变的生活，我知道某种安定可能就在下个路口。

可是离开我在国王十字区为自己打造的这个小社区异常艰难。黏液竟然给了我一个拥抱，温蒂给了我一枚小小的金戒指，我至今仍把它戴在左手的小指上。

1984年12月，我离开了那个地方，奔赴峡湾的群山，还有兰斯。

1986年2月，比尔姨父给我打电话，告诉我萨莉–安被杀害了。

她的遗体是在悉尼世纪公园的一个水塘里被发现的，她在被勒死后又被沉入了塘底。

彼得·史密斯，一个跟她有染的联邦警察，在审讯中证实萨莉–安很确定内迪·史密斯和罗杰·罗杰森可能试图杀死她。验尸官发现证据不足，无法提出指控，还发现萨莉－安是被一个或若干身份不明的人杀害的。最终没有任何人受到指控。

大约四年后，姨父帮我引荐了一个他认识且信得过的新当选的政客。和这个人通了电话后，我把萨莉－安给我的资料寄给了他。后来我拒绝了作为控方证人上庭作证，因为我如今要考虑兰斯和戴恩的安全。我坚定地相信戴恩的安全会受到威胁，虽然他和他妈妈住在墨尔本，但也可能会遭到报复。

虽然罗杰森早在 1996 年 4 月就被警队开除了，可他的犯罪生涯仍在继续：他因多项罪名多次被判入狱。如今他正和他的前警察同事格伦·麦克纳马拉一起服无期徒刑，因为他们在 2014 年谋杀了二十岁的毒贩杰米·高。他们于 2021 年 7 月上诉失败。

拍摄于 1995 年的电视连续剧《蓝色谋杀案》（*Blue Murder*）的故事背景就设置在二十世纪八十年代的悉尼，讲述了罗杰森和内迪·史密斯之间的交易内幕。其续集《蓝色谋杀案：杀手警察》（*Blue Murder: Killer Cop*）是一部两集的迷你剧，于 2017 年 8 月首播，继续讲述了曾经的罗杰·罗杰森探长（又叫"躲闪者"）的故事。

书店里的故事

杰克和季节困惑

"冬季歇业。如有需要，请来电。"这是我们淡季时挂在书店外的牌子上写的字。马纳普里在冬天基本上都是停工的。我们没有滑雪场地，无法吸引滑雪的人前来，许多步道也处于关闭状态，于是我在 4 月下旬关门，到 9 月中下旬再开张。正好利用这段时间上上货，做做春季大扫除，也为一些珍贵的旧书做必要的保养。

有一年，刚进入 9 月，我正在儿童书店外的花园里清除杂草，突然看见一个十岁左右的小男孩，正站在主书店的门口。

"冬天已经过去了，你们为什么还不开门？"

"再过几个星期就开了，不过你要是需要，我现在就可以开。"

"那你应该写你们是冬天和早春歇业。"他认真严肃地说。

我一边打开主书店的门，一边问他想看什么书。"儿童书店还是空的，因为所有的书在冬天都被收起来了。"我说道，"不过你可以在这里转转看看。我叫露丝，你呢？"

"杰克。我和妈妈在这儿待一周。你们应该四天前就开门的。"

他不依不饶的。杰克的蓝色针织帽遮着他的眼镜上沿，为了抵御严寒，他裹得严严实实的。

"你想读点什么书，杰克？"我又问了一遍，试图转移他的注意力，让他不要再纠结于我对季节的浅显认知。他站在书店中央，环顾四周："海鞘。它们在家里的码头上多的是。你知道什么是海鞘吗？"

幸运的是，我确实对海鞘类动物有点了解。因为兰斯是个潜水员兼水下摄影师，我本人也在峡湾潜过水，那里有不少海鞘。

"海鞘，我知道啊，我潜水时见到好多呢。"

"哇，真酷！"杰克对我刮目相看。看来我没他之前想象的那么蠢。

"我自己的藏书里就有一本讲海鞘的，"我说道，"我给你找来看看。"总算松了一口气！我救了自己一命！

杰克饶有兴味地仔细翻阅着那本书。"你知道白海鞘只在峡湾才有吗？"他问道。

"不知道。这是为什么呢？"我回答。

他妈妈来了，她去逛我们当地的铺子了。"杰克等了四天才见到你。"她说。

"你们怎么不给我打电话呢？我可以为他开门的。"

"他想亲口告诉你冬天过去了。他要等等看，你到底什么时候才能意识到春天已经来了。"显然，杰克的妈妈很懂自己儿子的风格。

"是的，他已经告诉我了。"

我提出想把那本书送给杰克，但他妈妈说他可以在他们下次回来度假时借阅。

他们离开时，我听到杰克对他妈妈说："我就跟她说春天到了嘛！"

也到换黑板的时候了。

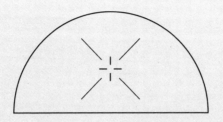

- Chapter 23 -

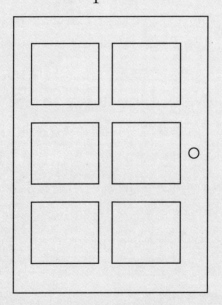

第二十三章

到家

我飞到惠灵顿，内心百感交集。兰斯正在等着我，还带着十岁的戴恩——他还是婴儿时就被兰斯夫妇收养了。戴恩放假了，假期从墨尔本过来和他爸爸待着：这便是我的新家人了。兰斯拥抱着我，我们喜极而泣。我们意识到这是一件大事，所以思绪都很纷乱。这对我们俩来说都是一个全新的开始。那年兰斯四十二岁，我三十八岁。

　　把我的两个行李箱放进后备箱后，我们登上了去往皮克顿的岛际渡轮，开启了我们的第一次"全家出游"。这对于我来说是一个倍感压力的时刻：在分离了如此之久后，我迫切地想要和兰斯在一起，可我的一部分心思仍然留在国王十字区，牵挂着萨莉－安，还有其他性工作者们。

　　我仍然感到不安，始终觉得我逃离的那一团乱麻如影随形。逃离一切，然后重新开始，真的这么容易吗？还有一个更加令人害怕的展望：我真的准备好走入下一段认真的关系了吗？

　　戴恩是一个非常俊俏的小男孩，笑容很迷人，他总是喋喋不休，让我倍感安心。我的亲生儿子现在应该有二十岁了，马上就要到可以同意我联系他的年龄了，可如今在我身旁的是这个小家伙，牵着我的手，信心满满地觉得一切都会好起来。我记得我提醒自己，这是一次机会，可以让我改变生命的进程，停止奔波。我脑海中不断浮现出一个画面——一辆挡风玻璃被滂沱大雨冲刷的车。当雨刷把泪水刮去，我开始清晰地看到，一条安全的道路出现在我眼前。

我们在基督城和爸爸还有他新娶的妻子住在一起，这让我们得以见到了所有的婶婶叔叔、姑妈姑父、姨妈姨父以及堂表兄弟姐妹们。我离家已经有十九年了。"是的，我要回家了。"我不断重复着。

爸爸很高兴，但仍然像平时一样生硬："安定下来吧，看在上帝的分儿上，别做傻事了，别再胡闹了！"

我们到马纳普里时，刚好赶上兰斯的哥哥亨特的婚礼。这是一个绝好的机会，能让他们一大家子人都见见我。从很多方面来说，我都感觉自己像个冒名顶替的人——只有兰斯的母亲和哥哥对我了如指掌。不过谢天谢地，每个人都接纳了我，并没有提出太多的问题。兰斯的父亲勒奇是个大块头，嗓音低沉，他一把搂着我的肩就开始叫我"小不点儿"。这个昵称是他专用的，直到他去世。

接下来的几个星期，我和兰斯、戴恩一起，小心翼翼地编织着我们的小巢。我难以置信地后退一步，想着我居然成了一件如此特别的事情的一部分，这件事我寻觅和渴望了如此之久。然而，我的生命中总是有个"但是"，它又回来了：在内心深处，我深信自己不配拥有兰斯和戴恩。我又开启了自我保护模式，出于对不可避免之事的恐惧，我开始将自己封闭起来。我渴望成为这个家的一分子，但我开始抗拒兰斯，在情感上和身体上都是如此。

马纳普里是一个临湖的小镇，三面被群山和被归入联合国教科文组织认定的新西兰西南世界遗产区的峡湾国家公园环绕着。它位于道路的尽头：到了马纳普里，你要么掉头原路返回，要么登船渡湖。

旅游业如今已成了峡湾经济的一个重要组成部分，因为我需要工作，兰斯就鼓励我去考取商业游艇船长的资格。我在海上的时间很长，经验极其丰富，于是我申请了一个在达尼丁开展的为期六周的课程。兰斯依然在"名望号"上掌舵，这意味着他离家一次就得将近十天。他会回家待上五天左右，然后再出发。我很快就适应了这个节奏，虽然我很想他，但从多个角度来说，这都是一种很好的安排，给了我们互相适应的时间。

我那期班上的 18 个学生中，只有两位女性。另一位女性来自斯图尔特岛，想自己经营渔船，她跟随父亲出海打鱼多年，因而有着极其丰富的近岸海上作业经验。我们两个的航海里程数比班上任何一位男性都多。课程都很基础，直到学习工程学时，我开始落后于其他人。幸亏兰斯每次来看我时都助我一臂之力，尽管口试时我非常紧张，但最后还是通过了。

回到家后，我在"峡湾旅行"（现在叫"真实旅程"）找了一份工作，在他们的游船上当船长。我主要在峡湾地区数一数二的游船上工作，这些船都有强劲的双柴油发动机，所以驾驶起来很轻松。

每天我都要载 80 名乘客，他们要么是参加到神奇峡湾的日间旅行的，要么就是参加短途旅行，到西湾去参观马纳普里的湖底水力发电站的。旺季里，我有时一天能开上四个来回。我总是盼着能起点雾，这样就能使用雷达了；或是起点风，如此我就能有个小坎儿来克服一下了。我对任何太过容易的事情向来持怀疑态度，需要一些磕磕绊绊来让我应对。就算我和兰斯还没结婚，我也戴着戒指，因为我想在我和男性乘客之间筑起某种壁垒。

因为我实在太矮了，同事们给我做了一个小箱子放在舵柄前，好让我站上去。当所有人都登船并核对好乘客数，确保乘客数和已售票数据相符后，我们就从珍珠港＊出发了。我会通过对讲系统欢迎乘客，并做一个基本介绍，包括健康和安全须知，然后就开始闲聊，讲解一下沿途的风景。总体来说是很有趣的，但我总是

＊　此处指位于新西兰马纳普里的一座小型港口。

不断收到一些大同小异的令人抓狂的提问：

"你和男的参加了同样的考试吗？"

"你有没有经历过糟糕的天气？"

"你会用雷达吗？"

"天气不好时还会允许你来开船吗？"

"你能把帽子摘了让我们拍张照片吗？"

"你开船，你丈夫是怎么想的呢？"

直到有一天，一个男的来到驾驶舱调戏我，事态的严重程度到达了顶点。他说我穿着制服看上去十分性感，他这趟旅程最值的地方就是有我来当他的船长，问我愿不愿意和他共进晚餐？

我们刚沿着湖走了一半，我实在受不了了。我把节流阀推回空挡，关掉发动机，打开扩音器，直接面向其余全体乘客开始说话。

"我正受到这位男士的言语骚扰，我不会继续往前开了，除非他离开驾驶舱。"

大家都惊呆了，那个人灰溜溜地回到了座位上，羞愧难当。

我对大家的耐心表示了感谢，重新启动了发动机，继续返回的旅程。

我的三个大茶箱子运到了基督城，我们开车过去把它们运回马纳普里。我终于给所有物品找了一个永远的家，包括我珍贵的藏书。

然而，当我到那里时，却被告知我不能带走约书亚的木头十字架，因为它的材质是未经处理的木材。我感到不知所措，过了这么久，我终于能把所有东西都放在一处，就差最后一步了。最重要的是，我想给约书亚的十字架找一个可以长久安置的地方。

我们解释了它有多么珍贵，并询问有没有什么办法可以让我把它带回去。最后终于定好，他们会对它进行熏蒸消毒处理，然后把它寄给我。

我们在马纳普里的家是一座被林间树木掩映的温馨小木屋，如今我们已经在这里居住了三十五年。随着我的珍贵物品开始慢慢安顿下来，我也跟着安定下来了。我感到心安，开始把这个地方当成自己的家，并且爱上了它。兰斯为我的书打了一个又一个书架，它们终于能重见天日，来到它们永远的家，这种感觉真是美妙。

终于，麻袋寄到了。被用硬纸板仔仔细细地包好，并在里面安安稳稳躺着的，是约书亚的十字架。

尽管我非常兴奋终于把它拿回来了，可我的内心深处却生出了一种深深的忧伤和怅然若失之感，怎么也挥之不去。就这样过了几周，兰斯建议我去看医生。通过问诊，帕特里克·奥沙利文医生精准地发现了问题所在，最后他俯身问道："那你想怎么处理约书亚的十字架呢，露丝？"

"我想把它放在一个安全的地方，而不是藏在麻袋里。"

兰斯和我探讨了许多可能的选项——安置在森林里，带出海去沉到海里，或者立在我们的后院里，但这些方案没有一个能让我感受到我想要的那种"这趟旅程终于结束了"的踏实感。

"立在墓地怎么样？"帕特里克医生问道。

"我没有遗体，也没有骨灰。"

"也许不需要那些——只是找一个地方安放十字架。要不我给市政厅打电话问问这样是否可行？"

解脱的泪水顺着我的脸庞流下。这次感觉对了。"好的，问吧，请问一下吧。"

只过了几天，帕特里克医生就给我来电话了。"他们同意你将约书亚的十字架安放在靠近围栏的任何地方——不是墓地里，而是在墓地边上。你觉得怎么样？"

我觉得怎么样？我觉得好极了。"我们会过去选一块地方，然后回来告诉您，这样您就可以给市政厅回话了。"我不住地感谢他。

我和兰斯在墓地的南边找了一块完美的地，这里俯瞰着蒂阿瑙盆地，就连对面教堂的风景都可以尽收眼底。

我给帕特里克医生打了电话，讲清楚了我们选定的地点，并询问我可不可以在约书亚的十字架旁栽种一棵当地的树。不久后，我和兰斯就在那里种下了一棵小小的红山毛榉树，没比我高多少，然后我们在树前立好了约书亚的十字架。那是一块小小的铜牌匾，上面刻着：

约书亚，存活十三小时，终长眠于此。

当地浸信会的牧师彼得和我们一起完成了这个简短的仪式。终于，我感到约书亚的旅途结束了。

只差一点，就真的结束了。

我真心享受在"峡湾旅行"的工作。我把我的船收拾得纤尘不染，每天早上进行例行的发动机检查时，也会把发动机擦拭得锃光瓦亮。我为我的工作而自豪，也希望我的乘客都能真正享受他们在湖上的旅行。因此，和男性船长相比，我将轻松行船、快乐行船作为当船长的目标。

圣诞节时，我在船里挂了各种圣诞装饰物，还为登船的乘客播放圣诞颂歌。我把礼物包好，在返程时用击鼓传花的形式发给游客们，这有趣极了。有时，在西湾卸下一船乘客后，我会空船返回，这时的航线简单直接，我可以坐在船舵后面做毛线活儿。

一个季度下来，我给兰斯织了两件毛衣！

我们经常去看约书亚，有时会在那里野餐。那棵树长得很茁壮，我知道我给他选对地方了。可是有一天，我们到那儿后，发现十字架不见了。我惊得说不出话来，怎么会有人做这种事？我们找遍了角角落落，以防有人把它扔进灌木丛里。

但是依然没有它的踪影，我心急如焚。兰斯给市政厅打了电话，原来是他们的员工把它清走了，他们以为那是非法摆放，把它放进了库房里。我们去拿的时候，发现它的主桩已经断了，其余部分也已经开始腐烂，于是我们决定做一个新的十字架。

腐烂的十字架在我们花园的小屋里放了一阵子。从某些角度而言，我很高兴能每天都看到它，能用手抚摸着它粗糙的木头，怀念着约书亚。后来我终于找到一个合适的人来做新的十字架。那是一个曾经与我们共事过如今在纳尔逊做细木工的年轻人，他的车上挂了块牌子，上面写着："上帝也是手艺人。"我跟他详细说明了我的需求，他做出了一个极其漂亮的十字架。我开车回到马纳普里时，它一路陪伴着我，而兰斯则开船从西海岸回到了神奇峡湾。

我们又举行了一个小小的仪式，这一次用水泥把十字架砌好，还是放在了原来的地方。

长久以来，约书亚的十字架仿佛就是我支离破碎的混乱生命的一个象征———直在从一个地方漂泊到另一个地方，永无宁日。

如今他安定下来了，我也安定下来了。但还有最后一块拼图没有拼上。

我得找到我那个还在人世的儿子。

书店里的故事

耀眼明星乔治先生

每过几个月，古董专家兼拍卖商帕姆·普朗伯利就会在达尼丁举办图书拍卖会，我都会去参加。第一次去参加拍卖时，一个书商告诉我："不要坐那把椅子。"他指着第一排的一把极度舒适的躺椅说道："那是乔治的椅子。"

我在比较靠后的一把硬椅子上坐下来，等着看这个乔治到底是谁。

就在拍卖将要开始前几分钟，一位老先生进来了。他走向自己的专座时，路过的每个人都向他点头致意，显然大家都认识他。

后来我得知，乔治·格里菲斯是一位颇有名望的历史学家、作家、出版家、编辑和记者。他在1990年被授予"女王服务勋章"，1999年被评为"达尼丁年度市民"。乔治非常热爱书籍和音乐，所以得知他创办了著名的奥塔哥遗产书店也就丝毫不足为奇了。

拍卖会后，我向他做了自我介绍，他听说我在马纳普里有一间"专业"书店时非常高兴。

"下次，拍卖会前一晚就过来达尼丁，来我的书店一起吃晚饭。"他愉快地说，"我会给你安排时间到处看看，再为你选一些书。"

就这样，不知不觉间我发现自己竟坐在一间巨大书店里一张布置精美的餐桌前，和乔治共进着晚餐。

乔治是个欢快的人，头发几乎掉光了，只有几小撮稀疏白发，胡子很短，有着一双热切的蓝眼睛，脸上挂着一抹不易察觉的浅笑。我们一边参观他的藏书，一边聊了好几个小时，不光聊书，还聊音乐。我把他给我挑的书都买了下来，还买了一些别的，其中有几本非常珍贵。

乔治和我聊书的时候就好像我和他懂的书一样多似的。他欢迎我加入这个爱书人的圈子，我为他的慷慨和他分享知识时轻松优雅的谈吐所折服。当我离开时，他拥抱了我一下，我差点哭出来。

下次拍卖会时，我坐得比较靠前，好离"乔治的椅子"近一些。乔治走到他的座位时，我和其他人一道，向他点头示意。

过了几年，乔治和他的几个音乐界的朋友包下了我们的游艇"破浪女孩号"。他们在探索新西兰音乐的早期历史。据J.C.比格尔霍尔（J.C.Beaglehole）编著的《库克船长日记》（*The Journals of Captain Cook*）记载，1773年库克船长在达斯基湾时，"吹响了风笛和横笛，敲起了鼓"。乔治认为，这是新西兰奏响的第一支欧洲音乐。为了纪念这一时刻，他和朋友们决定在达基斯湾奏响风笛、横笛和鼓来重现新西兰历史。

乔治后来为安东尼·里奇（Anthony Ritchie）的音乐作品《来自南方进行曲》（*From the Southern Marches*）作了词。他于2014年逝世，享年81岁，留下了许多卓著的成就。

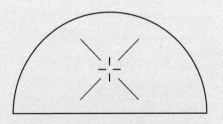

- Chapter 24 -

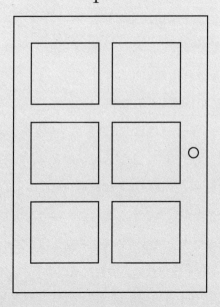

第二十四章

兰斯历险记

我们别后的二十年里，兰斯的生活也很充实。事实上，我们刚刚重逢时，要分享的实在太多，感觉余生都说不完。

兰斯·肖融入马纳普里社会如此之久，自然有着相当丰富多彩的背景故事。以下就是他的故事。

兰斯辍学三次——用他自己的话来说，学校并不是他的地儿。起先他离开南方男子高中，去了函授学校上学，后来又在十五岁他爸妈离婚后辍学了。他随母亲和哥哥在莫图伊卡的一家烟草种植园工作了一个季度，然后去了奥克兰。他母亲认为兰斯是块读书的料，于是送他去了蒙洛斯基文法中学，可是这个乡下孩子无法适应城里的学校，仅仅几个月后他就遭到霸凌，待不下去了。

1958 年，还是十五岁那年，兰斯在奥克兰海港大桥得到一份做茶童的工作，接收订单，然后泡茶、送茶，每天能挣一英镑。一开始他在奥克兰北海岸的诺斯科特，所以他得扛着自行车穿过新造的桥的连接钢梁，再从另一侧骑车下去。

每天他都看着一艘接一艘的船从港口驶进驶出。这看起来是一种很刺激的生活，这时他的心里种下了去海上的种子。

　　很快他就厌倦了泡茶，于是去了一个建筑工地工作。他在工地上推着车来回运水泥，工钱是上一份工作的三倍。他的母亲找了一个电工，他俩都认为兰斯应该去做电工学徒。他也尝试了，但觉得这并不适合自己。

　　有一小段时间，他给做鞋的皮革喷漆，后来又做了一点屠宰工作。最后，满怀着绝望，他觉得自己不会找到称心的工作了，于是决定到海上去。

　　他首先需要一本海员工会的工会手册。支付了费用后，他可以"站在角落里"，和其他人一起等着，希望能被派活儿。一般是由船上的大副雇人。雇他的就是一艘叫"蒂里号"的破旧木头驳船的大副，他给了兰斯第一份海上的工作——在甲板上当水手。

　　"蒂里号"沿奥克兰北岸运送普通货物，包括装在牛奶罐子里的鲨鱼肝脏、从旺阿罗阿港的北托塔拉运来的杉木原木，还有产自阿瓦努伊工厂的黄油。这些都比泡茶有趣得多。八个月后，他成了"卡拉木号"的水手，跑穿过塔斯曼到悉尼的航线。然而，第一次出航时，一个船员陷害了他。他们一回到奥克兰，兰斯就离了船。

　　被这次经历刺痛后，兰斯回到了马纳普里，在蒂阿瑙的旅行合作酒店找了一份工作，最开始是做早餐厨师，接着一路做到了第三厨师。那时他十六岁。在这份工作之后，他来到皇后镇的埃克哈特酒店，在那里待了一小段时间，然后又到汤加里罗国家公园著名的城堡小试身手。不过他感到自己的厨艺对于这样一个大型机构来说过于基础，于是离开了。

所有的职业都尝试了一遍，走投无路之际，兰斯成了邦德邦德公司（Bond and Bond）的一名销售员，卖白色陶瓷。同时，他开始在一所理工院校参加一门有关销售和企业管理的课程。他的导师在蒂阿瓦穆图机械公司工作，他看到了兰斯的潜力，并为他在这家公司谋了一个职位，又是卖白色陶瓷。他立刻展现了自己在这件事上毋庸置疑的天赋，于是得到了晋升，公司还给他配了一辆业务车，放在那时候是很了不起的事。

这是他第一份干了一年以上的工作，但他开始意识到，如果他成了一个成功的商人，他一定会变成和他的老板们一样的人，但对他们，他没有半点敬意。于是他递交了辞呈。

新西兰加入了越南战争，兰斯决定参军。他的母亲凯西是一名和平主义者，对此感到很震惊。她安排他去纳鲁阿瓦希亚附近的一个公社生活，在那里，他了解到越南的历史，也了解到战争是无意义的，新西兰的参战也是无意义的。六周后，他带着对现实的清醒认识离开了那个地方。战争不适合他。

1963 年，二十岁的兰斯回到马纳普里，开启了和他哥哥亨特一起在峡湾国家公园猎鹿的狩猎生涯。一头鹿去掉头和蹄后，可

以卖 1 先令 3 角每磅*。一头鹿平均重 80 磅，也就是大约能卖 5
英镑（10 美元）——在 1963 年是个好价钱了，当时每周的平均
工资才不到 50 美元。鹿尾和鹿茸可以单独售卖，在亚洲用作药材。
收入虽高，工作条件却很险恶，竞争也异常激烈。由于直升机的
使用越来越频繁，地面狩猎变得越来越不值钱。亨特加入了一个
直升机狩猎队，但是看到那么多年轻人在直升机作业中丧生，兰
斯又一次确信他应该另找一份工作。

1964 年，他决定和一个他以前认识的人达成口头合作，去斯
图尔特岛附近捕蓝鳕鱼。一起在海上渔猎了三个月后，他的伙伴
离了岛，给兰斯留下了一屁股债。他非常努力地找工作，因为当
地人对他十分警惕。绝望之下，他找了一份驾驶渔船"马雷诺号"
的工作，但实际上他并没有从事这份工作的资质。他主要自己开船，
在斯图尔特岛西北海岸的拉吉迪附近捕鱼。幸运的是，他遇到了
一大群淡水鳌虾，八个月后就把债都还清了。

他离了岛，因为岛民们还是不信任他，而且觉得他不合群——
就知道工作，没有休闲。他回到马纳普里，重整旗鼓，继续和他
的哥哥一起去猎鹿。突然有一天，他接到米奇·斯夸尔斯的电话，
这是斯图尔特岛上的一个渔民，为他提供一个在"罗斯林号"上
做船员的岗位。米奇告诉兰斯，他刚刚买下了"狂热号"，一艘
X 级的小帆船，它刚刚赢得了桑德斯纪念杯。米奇问兰斯下次要

---

*　1 磅 ≈ 0.4536 千克。

不要开着它去参赛。

兰斯又踏上了返回斯图尔特岛的旅程。

多年来，兰斯驾驶过许多小型帆船，这份工作他无法拒绝。不幸的是，斯图尔特岛举行的桑德斯杯预选赛上几乎没有什么风，"狂热号"被一艘更快的船打败了，因而没有获得代表斯图尔特岛参加下一届桑德斯杯的资格。

米奇和兰斯大约在一起捕了一年的鳌虾，就在这期间，我和兰斯相遇了。

我们的订婚终止后，兰斯去了澳大利亚，在一艘开往新几内亚的游艇上找到了一份工作，一开始他的银行卡里只有5毛钱。他在莫尔斯比港一家简陋的酒吧做了三个星期的经理，然后到一艘叫"卡蒂卡号"的小货船上做大副。他本来没有资质担任这个职位，但是船主迫切需要船上有个人，好让货船起航。码头管理员问了他几个航海的基本问题，就在那张必填的表上盖了章。

"卡蒂卡号"沿着新几内亚海岸线运送普通货物和椰子干。兰斯比我早几年到拉包尔，那时他还戴着我们的婚戒，那是我们订婚时用爸爸淘的金子打的。可是当"卡蒂卡号"在布干维尔岛一个椰子种植园的小码头靠岸时，他的戒指被泊船的缆绳"捋"走，掉进海里了。

他们卸货的大部分种植园都没有码头，所以货物都是靠一艘带有舷外发动机的驳船运上岸的。他们会从货船翻到满载货物的驳船上，而驳船正以6节的速度行驶着，因此这是极其危险的操作。如果岸上没有货物要带回货船，船长便会继续行驶，让兰斯和他的同事们卸下驳船上的货物后再赶上货船。船长不会为了他们放慢船速——他们必须把驳船吊起来，再将其拉回行驶中的货船上。

　　终于，兰斯受不了了。在那天的最后一船货卸货后，他们有很多货物要送到三家不同的种植园。种植园经理想清点好他们收到的所有货物后再在货运账单上签字，这当然是理所应当的。但这些都完成后，天已经很黑了，而货船早已跑远，回到了北边。种植园主提出找地方让兰斯和他的同事们过夜，但兰斯还是觉得无论如何应该回到船上去。于是他们在夜色中出发了，驾着驳船，在礁石星罗棋布的大海上追逐着"卡蒂卡号"。兰斯爬上船，船长问他"还好吧"。他面向他站着，两人的鼻尖都快碰到一起了，兰斯厉声答道："不好！一点都不好。我不干了。"

　　船靠岸时，他们给他结了工钱，然后他飞回了莫尔斯比港。

　　考取了50吨海岸线船长执照后，兰斯得到了新的工作，在一个由十六艘拖网渔船组成的捕虾船队的母舰上当船长。他在那里干了一年，但由于捕虾业绩不好，船队经营不下去了，回到了科威特。他又失业了。

　　兰斯仍然对越南战争充满疑问，所以他决定亲身到越南去一探究竟。在越南，他见到两个记者：一个支持新西兰参战，另一个反对。和他们聊了以后，兰斯确信自己当时没有加入军队是正确的决定。

他飞回家，在马纳普里湖的"峡湾旅行"公司开游船。然后他收到一封电报，是一个他在莫尔斯比港认识的美国人发来的，他邀请他到加勒比海安提瓜的大游艇"波利尼西亚号"上工作。他接受了这个职位，飞到了安提瓜，到达时几乎身无分文，却发现联系他的美国人失踪了，而"波利尼西亚号"锈迹斑斑，根本不堪入海。

他跟他母亲借了钱，飞往加拿大——英国最近的殖民地，因为他没有签证，无法在安提瓜工作。他到加拿大时正值仲冬，船上没什么工作，不过兰斯还是在萨德伯里的一处镍矿上找了一份工作。虽然有非常细致的医学检查，还有安全训练课程，他仍然是那一批 23 个人里唯一一个超过半年没有受伤的。

他开始在地下 457 米的深处作业，那是加拿大最深的矿井之一，深度达 2377 米。他们的任务是从排水沟里挖出淤泥，然后在爆破后清理那片区域的碎石。他们被告知，工作越努力，就会越快晋升到拿钱最多的工种：放置和准备炸药。新手一般都和一个有经验的矿工搭档。兰斯很享受努力工作的感觉，这些人都是一些合作起来很愉快的人，而且他是在一个新的行业里学本领。他最后离开时攒了不少钱。

他从加拿大飞到英国去看他的母亲，她之前去了那里找寻她的家人。兰斯没少四处闲逛，沿途看了不少风景。他从伦敦一路搭顺风车到了多佛，又乘渡船越过海峡来到法国。在法国，他搭上了一辆康比厢型货车，车里坐满了嬉皮士，他们邀请他上他们那儿去。他们让他染上了迷幻药，那在迷幻的二十世纪六十年代至七十年代初曾风靡一时。他在那儿待了将近一个月，后来他母亲要坐船回新西兰，他也一起回去了。

在船上，兰斯遇到了他的第一任妻子，她当时是在从墨尔本回家的路上。过了十天，他们想在船上结婚，但这是不符合规定的（这让我想起我和彼得的那场"婚姻"）。他待在船上，直到它靠岸，两个人都回到了澳大利亚，并在那里结了婚。几个月后，兰斯带着妻子来到了马纳普里，两人都在"峡湾旅行"公司工作，做了四年多。后来他买了一艘捕捞淡水螯虾的渔船，在神奇峡湾捕了几年虾，但不怎么成功，因为他对商业捕虾几乎没有什么新近的经验。这时他已经收养了戴恩，所以不想再在海上了。

接着是在神奇峡湾的捕鹿工作。他把原先的捕虾船用来居住，也用于运输建造圈养围栏用的材料，还用它把被使用了镇静剂的活鹿运回深湾。他在那儿有一辆路虎，可以驾车驶过威尔默特隘口，然后鹿会被装在一个峡湾人的船头，他们乘船渡过马纳普里湖，再换乘其他交通工具，最后抵达他后院的圈养围栏。这一切都非常完美，直到他始料未及地收到一张 1.5 万美元的税单。他把船和围猎用的网线都卖掉才结清了税款。

接下来，他得到了"名望号"船长一职，这艘船是由土地和测绘部（后来的环境保护部）运营的。这让他又一次离开了家，不过他热爱这份工作——可以定期到峡湾沿岸，到斯图尔特岛，甚至到达斯奈尔斯群岛。这份工作不仅收入稳定，同事也都很有趣。

就在这期间，兰斯的婚姻破裂了。他陷入抑郁长达三年之久，不过万幸还能如常工作。

也大概就是在这时，我重新出现在了故事场景中。

兰斯继续在"名望号"上工作了大约七年后才辞职，因为别人觉得他"太环保"了。他在环境保护部工作期间，从大量航海科学家身上学习了相关知识，变得格外关注过度捕捞。他开始参与各种活动，为峡湾地区的海洋保护而斗争，并加入了大力推动环保教育的地球信托（Earth Trust）和绿色和平（Greenpeace）等组织。最后，他觉得是时候离开环境保护部了。

1995 年初，我们决定开始经营自己的游轮生意"峡湾生态假日"。我们都积累了丰富的相关经验。兰斯在海上时最开心了，他也是我见过的最令人安心的船长之一。他对峡湾、斯图尔特岛和亚南极群岛的深入了解，以及对海洋和自然历史的热爱，使他成了一个专注于环保的游轮生意的完美经营者。我也有船长执照，对船也有一点了解，也做成功过一些小生意。

我们提供有别于其他任何游轮度假的旅行，极其强调生态的重要性。船上不安排钓鱼、捕鱼等活动，部分收益将用于支持环境研究。我们的禁渔方案总体看来无异于商业自杀，因为其他游船都有钓鱼项目。但我们的重点是促进环境保护，助力环保教育。

首先我们需要一艘船。在租用了 25 米的帆船"埃沃赫号"一年半后，我们决定买一艘自己的船，一艘可以带乘客到亚南极群岛的船。

兰斯登上了 20 米的摩托艇"礁石企业号"，他发现这简直是一艘完美的船，那时它正在昆士兰的艾尔利海滩工作。他把船驶回纳尔逊，我们给它重新命名"破浪女孩号"，来自我们 1988 年在布雷克西岛参与的突破性的环保项目，在该项目中，岛上的老鼠被根除了。从那以后，全世界所有的岛屿都用同样的方法清除入侵的害虫。

每一个乘坐过"破浪女孩号"的人都很喜爱她。

在我们运营"峡湾生态假日"的十六年里，兰斯到过亚南极群岛二十九次，乘客包括了电影工作者、科学家、游客，等等。他帮助他们完成工作，还为他们补贴船上的花费。

我写作本书时，我们已经在一起三十八年了，并终于鼓起勇气在 2011 年 10 月 7 日结了婚。

以下是我对兰斯说的结婚誓言的一小部分：

今天你成为了我的丈夫。我想知道你的伤痛是什么，你的梦想是什么，你的渴望是什么。不论开心还是悲伤，生命的每一刻我都想与你分享。你是我的初恋，今天我成为你的妻子。我在此宣誓，会关心你，爱你。

兰斯对我说的是：

露丝，亲爱的小兔子，虽然我们在过去的二十七年里有过经历极其严峻考验的时刻，但我们的爱让我们一路同行至今……不管发生什么，我会永远与你同在。我的使命就是不论你选择了什么方向，都全力支持你，帮助你实现目标。我承诺，永远努力保护你不受他人……甚至是你自己的伤害！

兰斯信守了诺言，即使在一些非常艰难的时刻。

书店里的故事

—

书商布莱恩那里得来的二手书

在经营第一家书店"南纬45度以南"时，我在普朗伯力拍卖会上结识了许多其他书商，其中之一就是布莱恩·尼科尔斯，他的店名叫"达尼丁旧书店"。

他有着极其丰富的私人藏书，是他在多年的从教生涯中积累起来的。1995年，他在布罗德湾买了一座房子后，在达尼丁一家很棒的"抄写员书店"工作了两年，学会了图书贸易，然后离开并开了一家自己的书店。他本来考虑在达尼丁市中心开一家书店，但因为他家有一间很大的地下车库，于是他决定就在家里做生意。

首要任务是打造大量书架，然后把它们填满。那时他的一个邻居的儿子正在奥塔哥理工学院学习计算机，答应来帮他建立一个网站，到1998年他的生意就做起来了。

起初布莱恩有很多线下顾客，但这些年大部分生意都是在线上完成的。他的书库里如今有藏书近1.5万册。最近几年来，他关注更多的是新西兰出版的图书。

我开第一间小书店时自然去了布莱恩那里，因为我需要填满我还空着一半的书架。一箱箱好书迅速从达尼丁运来，所有的书布莱恩都慷慨地让我只以进价支付。

无论我有什么关于书的问题，无论这问题多么离奇古怪，布莱恩都有答案。如果我有某个顾客想要一本我没有的书，那么布莱恩很可能有。

书架空了？该去达尼丁布莱恩的地下书库看看了。书库里从地板到天花板，到处都是书架。

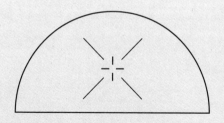

- Chapter 25 -

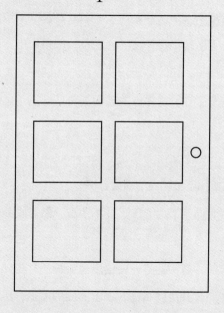

第二十五章

找到儿子

《1955 年收养法》（*Adoption Act 1955*）对收养的保密程度，有效切断了生母和孩子之间的联系。母亲们生完孩子后不被允许看自己的孩子，目的是让我们在生产后回归之前的生活，就像什么都没有发生过。这样做的理由是我们会迅速忘掉孩子，因此可以避免失去所带来的痛苦和悲伤。这当然不管用，但我们被捂住了嘴巴。社会不认可非婚生子女——收养可以令人满意地解决这种令人尴尬和不被接受的社会状况。

生母知道谁收养了她的孩子并不违法，然而收养的流程绝对会让她难以找到自己的孩子。而另一方面，养父母则会被告知生母的名字和年龄，通常她的一些信息也会被一并告知。收养申请听证会通常在非公开法庭举行，随着时间的流逝，所有庭审记录都成了绝密资料。相关机构会签发新的出生证明，上面显示着孩子被收养后的名字——这显然被看作重生！生母有权获得不透露身份的信息，但只有她要了才会给。

《1985 年成人收养信息法》（*Adult Adoption Information*

Act 1985）标志着非公开收养时代的终结，允许收养孩子的人和孩子的生父母都能获取收养信息。

和其他许许多多别无选择、不得不任由自己的孩子被收养的年轻母亲一样，我也决心要找到我的儿子。那年我的儿子就快二十一岁了。因为我是在惠灵顿生产的，也是在那儿签署的收养手续，我有强烈的直觉，他一定是被某个惠灵顿家庭收养了。我当时提出想让他被一个天主教家庭收养——我不知道我为何对这件事有如此强烈的执念，但显然我就是那么做了。于是我可以从两条信息入手：他很可能在惠灵顿，而且在一个天主教家庭。

1976 年起，"拼图"等寻亲团体为寻找生父母或被收养走的孩子的人提供了大量帮助。他们还展开了反对封闭式收养的政治活动。我在儿子十八岁时加入了他们，并定期收到他们的小册子，里面都是生母——有时也有生父——寻找被收养的孩子的信息。一小段一小段简单而模糊的线索：谁谁谁寻，男孩，生于某某天，某某医院。

我给惠灵顿的社会福利部写了信，请求他们把他们所掌握的任何关于我儿子的信息都给我，并告诉他们我要踏上我的寻子之路了。我收到他们的回信，里面包括他们记录在册的所有不透露身份的背景信息：

当时您的儿子去的那个家庭，丈夫三十四岁，妻子二十九岁。

他们有两个女儿，分别是六岁和三岁。据记载，养父是一个很英俊的人，个子很高，有着黑色的卷发和橄榄色的皮肤。档案中说他的妻子长得和您很像。夫妻俩都是荷兰裔，是虔诚的天主教徒。丈夫是一家公司的董事，在企业里有股份。1965年5月我们开始和这个家庭失去联系。

　　他们把他们知道的所有信息都在上述回信中告诉我了。

　　我毫不气馁。相反，我想："好吧，那我就上他们办公室去找。"我也确实那么做了。

　　我从工作的地方请了两周的假，飞到惠灵顿，然后直接去了社会福利部。给我写信的工作人员看到我后表示很惊讶，并且一开始告诉我的信息也并没有多于她写信告诉我的那些内容。她说除了那些她什么都做不了。我苦苦哀求，最后她终于一边后退一边说："选民名册不错。"

　　我直奔惠灵顿公共图书馆，问他们要最新的选民名册，却被告知要再具体一些——我想要哪个地方的名册？我快速思索着。已知那位父亲是商人，于是我当即决定先从惠灵顿中心开始，并努力查找下去。得知我的儿子去了一个荷兰家庭后，我思考了最常见的荷兰姓氏。我想这些姓氏应该是以"凡"打头，就从名单上那些名字里慢慢地仔细查找，找一对荷兰夫妇，丈夫是商人，有两个女儿和一个儿子的家庭登记。

终于，我找到一个姓"凡德堡"的家庭，成员包括一个商人、他的妻子、一个女儿，还有一个儿子，叫安德鲁。少了一个女儿——可能出了什么事？我坐在那儿，盯着那个名字，一遍遍地大声读着，"安德鲁·凡德堡、安德鲁·凡德堡。"我真的如此轻松就找到他了吗？

我开车回到社会福利部，跑到办公室，问那个女工作人员："他是姓凡德堡吗？"

看到她脸上的表情，我立马确信我找对了。从某种程度上说，巧合、猜测、直觉还有坚持不懈的决心一起帮我找到了儿子。

选民名册上也登记了他们的住址，但我清楚，我不能就这么出现在他们家门口。我必须搞清楚他们，以及安德鲁，是否像我想见他们那般想见到我，这很重要。况且他们也需要时间来做好情感上的准备。

然而，再没有什么能阻挡我实实在在地看到他的脚步，于是我开车到了那条街，把车停在了他们家门外的路上，就那样等待着。我记得我当时想着："他二十岁了，所以他应该在上班，不到下午5点半应该不会回家。"

终于，我看到一个穿得漂漂亮亮的优雅的高个子女人走进了那所房子，但再没有别人出现了。我一直等到了天黑，什么都看不清楚。我感到一股不可名状的悲伤和失望，但我已经走得太远，无法再回头了。我知道他们是天主教徒，所以我开车来到最近的神父住宅，求见教区神父。

来开门的女子问我是谁，于是我掏出了我的"通行证"，告诉她我以前给红衣主教麦基弗里当过厨子。居然奏效了。她带着我走进等候室，最后我在那儿见到了布赖恩·谢里神父。他是个友好和善的人。初次见面一番寒暄过后，我毫不犹豫地问他是否认识凡德堡一家。谢里神父温柔一笑，答道："你问这个干什么，露丝？"

然后我把一切和盘托出。我讲完后，谢里神父笑盈盈地握着我的手说："是的，我认识他们，他们来这里做礼拜。不过我不知道安德鲁是收养的。"

这是一个重大时刻。这个人认识我的儿子安德鲁。

谢里神父告诉我，安德鲁有一头金发，是个好孩子，被深深地爱着。他说安德鲁的姐姐杰姬于 1984 年在一场车祸中丧生，所以选民名册里没有记录她的信息。那段时间安德鲁给了他父母很大的安慰，他尤其跟他妈妈亲。

每个关于安德鲁的成长细节对我来说都是珍贵的礼物，然而又多少有一种陌生的熟悉感觉。他是金发碧眼，和我爸爸一样。他是建筑工人，和我的很多表兄弟姐妹一样。和我聊了一会儿后，谢里神父说："我能从你身上看到安德鲁的影子。我简直不敢相信你们俩有多像。"

尽管我们相谈甚欢，但我还是能感觉到他的担忧——我的突然

286

出现对这相亲相爱的一家人来说会意味着什么。我解释说，我决不想给这个把我儿子培养得这么好的家庭带来任何痛苦。

"我不想突然出现，自称他的妈妈。"我告诉他，"实际上，我唯一想做的只是看到他。"然后我有了个主意。我知道这是个不情之请，不过我还是问谢里神父是否愿意帮我和这家人聊聊。我跟他说，假如他们拒绝，我不会再联系他们。

谢里神父说包在他身上，他会随时和我联系。

这是极磨炼耐心的事。几个月后，我收到一封电报：

请电联。布赖恩·谢里。

我立刻打电话过去，然后听到了安德鲁和他的家人愿意见我的消息。

书店里的故事

—

我的 IT 英雄

我们书店的转角处住着我的教子杰布和他的妈妈。他的大哥奥利弗是我的另一个教子，在惠灵顿从事金融业。两个孩子都极其聪明。

杰布如今十八岁了，一直以来给予了我极大的帮助。早在大约十三岁时，他就在我的花园里帮忙了，我给他 10 美元一小时。只要我需要帮忙，就打电话叫他过来，让他到森林里来帮我。令我惊讶的是，有一天他居然答道："抱歉，露丝，我不打工了。"

杰布刚得到一台 iPad，正在苦心钻研计算机，因为他对计算机的兴趣与日俱增。他是个天生的信息技术专家。不管我们问他什么关于计算机、电视或手机的问题，他总是能解决。于是我提议让他做我们的信息技术工，不做体力活了。如今，每当我们遇到信息技术方面的问题，我都给杰布写邮件，要是他在家，几分钟不到就会出现在我的门口。

我开始写这本书时，杰布十六岁。我每天早上 5 点半左右起床，泡一杯咖啡，然后写作到 8 点半。一天早上，我早早打开电脑，一个彩色的球在我的屏幕上跳来跳去，我什么都动不了。

太令人恼火了。我不耐烦地等到 6 点 49 分，希望杰布那时候已经醒了。

06:49 露丝：

抱歉打扰了杰布，我打不开文件夹了。

本来起床打算写作，所有方法都试遍了。

你能给我发邮件告诉我该怎么做吗？

谢啦，露丝

06:52 杰布：

文件夹是不是本来就开着的？

你是不是双击了？

（太好了，他起床了！）

06:53 露丝：

你在忙什么呀？我再看看，待会儿回你。

06:57 露丝：

我打开一个已经打开了的文件夹，

现在上面有个小彩球，

我什么都做不了。

要不我重插一下 U 盘？

07:01 杰布：

为什么插着 U 盘？

你打开的是 U 盘里的文件夹吗？

如果什么都打不开，（两个手指）右键点击你想打开的那个

应用（我猜是 Word）。点退出。

（我能感觉到他有点恼火……）

07:05 露丝：

没有插 U 盘。

我点了退出。

尝试了重新打开 Word，它上下跳动，那个小彩球也在到处跳，

我什么都做不了。

07:07 杰布：

好吧。点击屏幕右上角的苹果图标，点击重启。

（并没有解决问题。）

07:11 露丝：

我穿着睡衣——我能把电脑带过去吗？

07:11 杰布：

······好吧

（明显的不情不愿！）

我跳上车，开到杰布家，他正在后门等着，也穿着睡衣。他点击了几下，叹了好几口气，问题就这么解决了。

4月4号，那个旋转的小球又回来了。还好这次不是大清早。

08:01 露丝：

嗨杰布，那个小彩球又来了！我可以上网，但打不开 Word 和 Excel。快支个招，怎么把它弄没。

谢啦，露丝。

08:05 杰布：

点击苹果图标（在你屏幕左上角）

点击强制退出……

点击 Excel 或 Word

点击强制退出

如果问题还没解决，再点击苹果图标，点击重新启动，重启一下电脑。

08:09 露丝：

好了！谢谢你！太牛了……

08:11 杰布：

［强］（表情）

真是我的英雄！

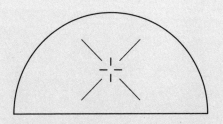

- Chapter 26 -

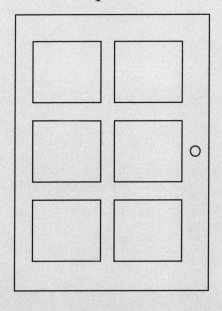

第二十六章

我金发碧眼的儿子

兰斯是我想把这个惊天好消息与之分享的第一人。但因为他在海上，我得通过船用无线电和他通话，于是整个峡湾的渔船和游船都分享了我的好消息。

　　兰斯提出到时候要陪我一起去惠灵顿，但我知道我得自己去。我们详谈了各种可能的结果，我知道我需要做好面对任何情况的准备。

　　"我不在乎他是什么人，我不在乎他是不是在坐牢，哪怕他是个瘾君子我也不在乎。我只想认识我儿子这个人，不论他是什么样子我都会接受他。"我告诉兰斯。

　　我从国王十字的工作中了解到，有许多无家可归的人和性工作者都来自离异家庭或者是被收养的孩子。也有人不想找到他们的亲生父母，还有一些和生母或生父重逢的人有着被拒绝的悲惨故事。我知道存在着失望的风险——甚至是痛苦——但我都不在乎。

　　去见儿子那天，我足足换了三套装束，甚至还化了妆——这是我几乎从来都不干的事情，但他养母走进家门的那一幕深深地印在了我的脑海中。她看上去是那么优雅，穿得那么漂亮，举手投足间是那么完美无瑕。安德鲁对我的第一印象真的很重要。我觉得我像是要去相亲似的。

谢里神父让我早点到神父住宅，这样我们可以为可能出现的状况提前谋划一下。走进神父住宅时，我紧张得浑身发抖，但谢里神父却很平静，笑意盈盈。他告诉我，安德鲁的父亲非常激动地想要见我，他的母亲则更多一些犹豫不决，我完全能理解她的心情。然后他告诉我安德鲁很早以前就拜托过他的父母帮忙找到我，因此当谢里神父告诉他们我来过时，他们非常高兴。得知我也在寻找他对安德鲁来说意义非凡。

谢里神父确信一切都会顺利的，但以防万一，我们还是准备了一个备用计划——他和安德鲁谈的时候，我先在旁边的房间等着。我告诉神父我暂时还不想让安德鲁知道强奸的事——得等到我们对彼此更熟悉一些时再说。

门铃响了，我紧张得几乎要哭出来。谢里神父离开房间，回来时带着一个高高的金发年轻人，穿着牛仔裤和蓝色毛衣。站在我面前的完全是我爸爸的年轻版本。安德鲁看着我，我也看着他，谁也无法相信此时此刻是真实存在的。我们都放声大笑，接着走上前抱在一起。我的身体被他紧紧拥抱着，我们等这一天等了太久。直至今日，每当我们说起大家的第一次见面，我们俩印象最深刻的都还是我们不约而同地放声大笑。安德鲁的笑声和我一模一样，那像青蛙一样咧着嘴的笑容也和我一模一样。

这将永远是我一生中最珍贵、最美好的时刻之一。这个满头金发的帅小伙，我的儿子，穿着蓝色的毛衣，映衬着他那双蓝眼睛，和我的父亲简直是一个模子里刻出来的。好一阵儿我们都说不出什么话来，只是不住地大笑着，哭着，拥抱着。

过了如此之久，我们终于迎来了这一刻。这些年来，我听过人们把这个过程描述为可以使他们"让某个东西安定下来"，或是找到了自己缺失的那一部分。这些感觉我统统都没有。看着这个年轻人，我只觉得无与伦比的高兴，他曾是我的一部分，而在我们重聚前，他一直在我生命的阴影中。

我紧紧抱着他。此刻我是一个母亲，但我知道，我是一个必须躲在他的家人的阴影里的母亲。这没关系。至少我在他的生命中有了位置。我唯一的想法是，感谢上苍，我终于找到他了，而且他一切安好。

安德鲁邀请我去和他的家人一起吃饭，我立刻答应了。那是一件很优雅很正式的事——洁净的餐巾、上好的陶瓷餐具，还有美味的餐食。他的养母起初很害羞，并且有点冷淡，但当知道我并不打算取代她时，她立刻放松了。我能看出她和安德鲁之间的亲密，这让我感到非常开心。我记得我当时想，何其有幸啊，他来到这么一个家庭。

第二天，安德鲁过来见了乔伊丝姨妈和比尔姨父。乔伊丝姨妈泪眼朦胧却笑意盈盈地看着安德鲁说："天哪！你和你姥爷简直长得一模一样。要是你姥姥能看到你该多好啊。"我们都感慨万千。谢天谢地，安德鲁和我们一样热爱拥抱，我们抱在一起就像拼图一样严丝合缝。

　　几年后，我还是告诉了安德鲁他的生父以及强奸的事。我知道这很残忍，但他表现出了强大的内心力量。由于在天主教家庭长大，他有着极其坚定的信仰。当我们谈论这本书时，我不可思议的儿子写给我如下文字：

　　显而易见，上帝用他的手抚摸了我们，并给了我们美好的经历，尤其是你书里言简意赅地写到我们第一次见面的情景，没有什么比那更美好的了。

书店里的故事

一

购书团

距离圣诞节还有三个星期，儿童书店门外的花园里姹紫嫣红，为这座本来就已经斑斓多彩的小建筑平添了几分颜色。书的售价为 50 美分到 30 美元左右不等，后者是部分新书的价格。书架摆得满满的，还有两箱贴好了价签的图书干净整洁，随时可以填补空出来的位置。

我的姐姐吉尔是我童书的进货主力。她是一位资深教师，经营克伦威尔日托中心好多年了。如今她已退休，但仍然发挥余热，做着一些志愿者工作，主要是在中奥塔哥的手术被服机构做管理人员，组织织工织毯子，这些毯子每年都会被大量输送到海外。每周你都能看到她出现在克伦威尔的慈善商店。她会花好几个小时用来编织、制毡，做出最好看的儿童服装、毛毯和壁挂饰物。我们一起去南爱尔兰旅行时，我开车，她就坐在我身边做着毛线活——她真的在爱尔兰织了一路，一点都不夸张。

每当我需要找人进一些二手童书时，吉尔毫无疑问是最佳人选。只要稍微问一嘴，她立刻就会欣然张罗起来。怀着如此巨大的热情，我甚至得拦着她点儿！一箱接一箱的书被搬进书店，我不得不提醒她我这里只够放 150 本童书，而不是 500 本！她叹口气说道："我知道！我就是忍不住！"

吉尔在克伦威尔方圆 50 公里内的每家慈善商店都是无人不知无人不晓的。瓦纳卡和亚历山德拉的回收中心都训练有素，早早地为她把书准备好，笑脸相迎地等着她光顾，就仿佛她建立了一个图书情报网络一样。

至于主书店，我的许多库存都很难进到货。我主要靠别人的遗物还有精减藏书的人，也去慈善商店淘货或通过网络搜索。我也与其他书商，尤其是达尼丁旧书店的布莱恩合作。也有几位顾客帮我搜寻。我最好的回头客丽贝卡总能为我找到书，还有维基，他也加入了我的搜书团队。维基和她的伴侣史蒂夫总是在为他们的二手书和古玩店搜罗库存，他们的店也在马纳普里。

当我让他们帮忙找一些《乌克兰拖拉机简史》时，他们以为我要找的是一本关于拖拉机的书，所以一直没有找到，不过他们带回了许多其他的珍贵图书。

即便如此，我想要的那种书的品质还是很难达到。我并不是来者不拒、毫无甄别地所有书都收，因为我的书架空间有限——两间书店加起来一共能容纳大约 1250 本书。有一次我打趣了一个可爱的老太太，她抱了一大摞书走到柜台前，我对她说道："抱歉，您最多只能买五本。我就这么大点儿地方，就这么点儿藏书，要是每个人都买这么多，我的书架就要被搬空了！"

她大吃一惊，然后答道："哦！你说得对——你考虑得真周全！我这就放回去一本。"

我赶紧说我是在开玩笑，她也随即大笑了起来。

我想我再也不会说这样的"台词"了⋯⋯

因此我的书架有时的确看起来空空的。

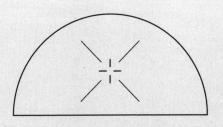

- Chapter 27 -

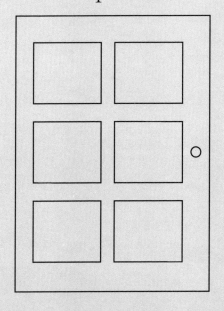

第二十七章

世界尽头的小小书店

我七岁时就爱上了书。我们全家人都热爱读书，父母也鼓励我们读书。我有一个珍贵的小书架，就在我的床边，上面有伊妮德·布莱顿（Enid Blyton）早期的《诺迪》（Noddy）系列、E.B.怀特（E.B.White）的《夏洛的网》（Charlotte's Web），还有一些"金色童书"（Golden Books）。姥姥给了我路易莎·梅·奥尔科特（Louisa May Alcot）的《小妇人》（Little Women）和《好妻子》（Good Wives）作为我的十一岁生日礼物，也是从那时起，我开始对经典名著着迷。我的书架迅速被克莱夫·斯特普尔斯·刘易斯（C.S. Lewis）、查尔斯·狄更斯、马克·吐温、刘易斯·卡罗尔、查尔斯·金斯莱（Charles Kingsley）等作家的作品占据。童年时期的许多书我至今仍然保留着。

　　我从来没有刻意计划成为一名书商，但阴差阳错地，它成了我半生的热爱。我们的第一家书店开在我们1995年开始经营的"峡湾生态假日"项目那栋楼的外面。由于来度假的游客总是向我们询问在哪儿能找到我们船上阅览室里的那些书，书店渐渐发展了起来。起初，我的书店里书的种类很少，主要是一些当地作家写的书，或者我们带乘客去哪儿，就卖哪儿的书。随着需求的增加，藏书也增多了，很快我们就开起来一家书店，我给它取名"南纬45度以南"。

这家书店是1997年开的，到2010年6月我们出手掉游轮生意后，我无法说服自己也舍弃那些书。每本书背后都有一个故事。由于我们的小家已经堆满了书，所有装书的箱子都只好放进了仓库。那时的我还不知道，这些书会在我若干年后开的两间小小书店里找到新家。

我发现我很怀念卖书这件事，六年来兰斯也不断地跟我念叨，建议我再开一家书店。于是，在七十一岁时，我拥有了一间小书店，就坐落在我们的房子外面，由奥陶陶的安德烈·贝基斯建造。安德烈充满了奇思妙想，还拥有一个库房，里面满是珍宝，包括一些漂亮的老式窗户。书店必须小到不需要建房许可（也就是说要小于10平方米），还得看起来旧一些，诱人一些，书架得足够结实，要能承受至少700本书的重量。这将是我退休后的"休闲"。

安德烈用两扇漂亮的半圆窗户和一扇用新西兰本土乔木芮木泪柏做的老旧木门建了第一家书店。从外面看，书店就像一辆吉卜赛大篷车，人们总为它驻足，只是为了拍照。它是用一辆大卡车运来的，随后又借助拖拉机搭建了起来。我们把它漆成绿色、蓝色和绿松石色，在门口放了块黑板，然后为木质结构的小屋内部做了密封，把我们原来船上的铃铛挂在了门口。终于可以打开我那一箱箱书了。

当时和我们待在一起的是来自惠灵顿的乔纳森和丽萨。第一次见到他们是两人作为游客来我们的花园小筑小住的时候，从那以后我们就成了亲密的朋友。丽萨在一家图书馆工作，每周都会读一本书，还会撰写书评。乔纳森是一名医生，主攻姑息治疗。

乔纳森热情提出要帮忙为箱子拆封，清洁图书，为书贴好价签，并把它们摆上书架。这可能要花上好几个小时，不过乔纳森想看看每一本书。如果某本书恰好带有图片的话，他的速度就会比蜗牛还慢。书在书架上被码放得整整齐齐那一天，是我将永远铭记和珍藏的一天。

小小书店要开业了。

从第一天起，铜铃铛就不断响起。越来越多的车停了下来，从四面八方来的人们被小书店的多彩斑斓和小巧玲珑深深吸引了。我不得不建了一个自行车存放处，还在门口放了一些椅子，这样人们在等着进店时就可以先在外面坐一会儿了。本来我以为书店会门可罗雀，没想到它却是门庭若市。我的新店立刻有了它自己的"小生命"，我的"休闲"也一发不可收拾！

不管是在外面的花园里，还是在家里，我都能听到铃响，这样就可以赶来为书店开门。这个方法在生意冷清的时候很合适，不过一般情况下，我一天大部分时间都在书店里。

店里只要有五个人就会开始变得拥挤，我就得到外面，给屋子腾点地方。很快，我发现童书那小小一隅火爆异常，根本没有足够大的地方供孩子们舒展地坐在或躺在地上看书，而他们又喜欢这样。必须得做出一些改变了。

"儿童区需要再增加两米左右的书架空间。"我告诉苦劳已久的兰斯。这个需求很快升级为："我想我需要再开一家专属于孩子们的书店。"

"我记得你说你只需要更多的书架？"他问，然后接着说，"我知道这是必然的。可是两间书店？在马纳普里？露丝，如此一来这就不是休闲了，就成了生意。我们应该退休了！"

自从我们出手掉游船生意，兰斯就一直在修炼退休的艺术，并且修炼得日趋完美，而我正在加快脚步。

于是我们再次出发，又去见了大建筑师安德烈。

他已经在他的工作室里建好了一座完美小屋，就差书架了。这间书店于2019年10月就位，还是用一辆大卡车运来的，顺带来了三个人。这一次还动用了吊车把它吊起来，使其越过那间已有的书店，被放到选好的围满篱笆的场地上。

我们把它漆成橘色、黄色、蓝色和绿色，门是鲜艳的红色。我在门前种了一个小花圃，门上也挂了一些铃铛和风铃，书架上整整齐齐地摆满了书。儿童书店落成了。

第二家小书店立刻取得了成功，不仅仅吸引着孩子们，许多大人也到此光顾。大人们进门时，我们得提醒他们，因为门的尺寸是参考儿童身高打造的。"进门时请低头。"我们总是这么说。然而，总是能不时听见我挂在门口的铃铛的轻响。

苏珊娜和里斯在圣诞假期第一天就来了，还带着他们的四个孩子：双胞胎露露和咪咪，还有杰西和欧利尼亚。他们一家子每天都要来儿童书店，因为他们太爱读书了。他们还为可以带走过夜的白色毛绒玩具猫咪取名"小雪麦克穆里"。

这家人离开后几个月，一个巨大的包裹被送到我的门口。他们寄来了两个超级漂亮的仙女玩具娃娃，一个头发是金色的，一个头发是深褐色的，分别坐在两个秋千上。如今她们已经成了儿童书店的一部分，天气晴好的日子，经常可以看到她们在外面的小遮檐底下荡秋千。

马纳普里如今的常住人口有将近 230 人，只占整个南地区（Southland District）人口的百分之一。我们位于道路的尽头，到哪儿都要好几公里，但我们有两间小书店——新西兰最小的独立二手书店。有时我们这里交通拥堵，挤得水泄不通，汽车和露营车停在小街两旁，有时甚至会一直蔓延到我们的私家车道，或停在草地上。

有一天，我脑海中突然蹦出一个无关紧要的念头：如果两间小书店还不够呢？

过去三年里，我注意到很多男士在他们的妻子或伴侣来书店看书时都坐在车里。女人们喜欢慢慢地仔细阅读，而且通常都是静悄悄的，不过店里偶尔也会充满欢声笑语。她们的丈夫或伴侣会在外面的车里等着，这令许多女性感到压力，觉得自己应该快一点。不一会儿，一个男人摁响了喇叭，其他人则懒洋洋但很不耐烦地发动了车子，或是来店门口徘徊，问着："可以走了吗？""找到喜欢的书了吗？""我还等着你呢。"永远不应该这样催促一个买书的人。

一天，一个农夫走进店来。他穿着农场干活儿穿的衣服，身上一股羊的味道。他非常彬彬有礼，还说他就不进店了，因为我店里还有其他客人。"我改天再来吧。"他说道。

"没事儿，进来吧，我们不介意。"我说道。

"不了，身上湿乎乎的，还有点儿难闻。下次见，露丝。"

这种情形出现几次后，我决定还得再开第三间书店：一个户外的、对农民友好的、专门面向男性的书店。

我的市场调研——主要是由我口头询问顾客们对这个想法怎么看——表明男人们确实乐意拥有一个专属于他们的空间。

"亲爱的，我想我需要再开一间书店。"在深思熟虑了数月后，我终于把这个消息告诉了兰斯。

一声叹息。"天哪，你能消停会儿吗？怎么又要开一间？"

"一间男子专门店。服务热爱打猎、捕鱼、务农，还有开拖拉机和火车的人，给他们找个地儿坐着。"

"那开在哪儿呢？"

"就在儿童书店旁边，篱笆后面。"

兰斯咕哝道："你怎么照看三个店呢？两个店你都要跑步来回，而且你总说你书都不够了。"

"我要打造马纳普里的中央商务区。"我郑重宣布，"男人们需要一个从车里出来的理由，他们可以坐在椅子上翻翻书，我会在其中一个抽屉里放一些地图……"

"另一个抽屉里放一些过时的《花花公子》。"兰斯笑着接茬。

兰斯一直很支持我的小书店事业，因为他了解我有多么热爱图书，以及人际交往对我而言有多么重要。每天早上我开张时，他都和我一起，把一切该修理的都修了——总有东西要修，然后一整天都帮我给客人端上一杯又一杯的咖啡和水果奶昔。我忙不过来时，他会在店里帮忙。店里实在太忙时，我就把顾客让进隔壁我们的家里，兰斯会在那里招待他们，并在他们等候进店时给他们做一些热饮。

当我产生了开第三家店的想法后，兰斯极力劝阻，因为他对我到底想要达到什么目标不是很清楚。但是由于我心意已决，他最终还是接受了这件事一定会发生这个事实。

　　我买了一个旧的亚麻色壁橱，并雇来了另一个当地建筑师瑞安·金凯德，不久后，一间小屋就初具雏形。在这间书店建设期间，我所有的顾客都对男子专门书店这一概念很感兴趣。"你的书店马上就要变成三间小小书店了！"不过我决定它还是应该拥有自己的名字，于是我四处征集店名。还真是征集来了不少呢！陋室、男人的壁橱、男性巢穴、男人书店、男书林、共享小屋、男孩之家、男人的洞（叹为观止！）、阁楼＊、静幽角、前哨、书舍、男子营地、书匣子……

　　当苏提出"雅居"（The Snug）时，我觉得这正是我要找的名字。

　　"雅居"取自"雅间"（snug）这个词，可以追溯至十九世纪晚期的爱尔兰。当时的雅间——现在某些情况下也是——指的是酒馆里小小的私人房间，不对一般客户开放。如果你想在雅间里喝啤酒，就得付更高的价钱。我和姐姐吉尔在都柏林时去过皇冠大酒店。那是北爱尔兰最古老的酒店，有着一间间带门的小单间，为保证隐私客人可以关上门，需要服务时候按铃即可。

　　我的雅居是一个小小的、相对私密的空间。它有带遮檐的走廊，走廊上有一张固定的长椅。雅居旁种了一棵漂亮的锦葵科绶带木，高过屋子，一到春天就会开满白色的小花。还有一些农民朋友建议我提供葡萄酒或啤酒，但我不能那样做，因为我没有酒类经营执照（得亏没有）。

＊　创办于二十世纪六十年代的美国男性色情杂志名。——译者注

开业那天，我们的一个比较亲近的常客特里·奥图尔带着他的妻子费伊过来了。他俩都出生于布拉夫，我猜大概都有六十五岁吧。特里很擅长讲故事，说起话来慷慨激昂，声情并茂，手舞足蹈。他们到来时书店正好有几个客人，于是特里回车上取来了他的按钮式手风琴。他站在雅居的走廊上开始演奏各种老歌，大家都津津有味地欣赏着。这对我新落成的这第三间小小书店雅居来说是一个美妙绝伦的场景，也是一个完美的开头。

书店里的故事

—

爱书人的天地

一天，两个度假的女子走进店来，自称是艾琳和苏。她们相识于三十多岁时，并从那时起就结下了深厚的情谊。艾琳现在住在一个养老村里，此次和苏还有苏的丈夫托尼一道来马纳普里度过周末和假期。他们热爱马纳普里。苏说当他们从黑山出来，路过峡湾盆地时，就像来到了一个全然不同的世界。

圣诞前几天，我发现他们在我的门口留了一罐手工自制姜饼，还附有一张字条，说感谢我的陪伴和我推荐的书。再见到他们时，我把饼干罐还了回去。姜饼实在太好吃了，我问苏是否可以再给我一罐，我会拿一本书作为交换。

"哦，那可不行！"苏说道。苏是个给予者，不愿意接受礼物。

过了几周，苏再次出现，还带来了一个更大的饼干罐子。她大笑着把罐子递给我。"带一本书吧，苏。"我说道。她摇摇头："不，我买一本。"

过了大约一个月，我从蒂阿瑙回到家时，发现门上挂着一个黑色的超市购物袋。我迫不及待地打开，发现里面有个饼干罐子，装了满满一罐焦糖蜂蜜饼干，这是苏送给我的又一份礼物。

又过了几周，苏和艾琳再次来到书店。我送还了超市购物袋和罐子，又要了更多的饼干。这次我决意要送给苏一本书，感谢她的慷慨馈赠。在艾琳的鼓动下，我终于成功了。苏终于不再拒绝，拿了一本彼得·比德尔（Peter Beadle）的《峡湾》（*Fiordland*）。

苏和彼得·比德尔的儿子西蒙是小学同学。彼得·比德尔是新西兰最重要的风景画家之一，于 2021 年 2 月逝世。

苏骨子里是个浪漫主义者。她最喜欢的作家之一是写了四十多部历史传奇小说的裘德·德弗罗（Jude Deveraux）。

我问苏是否可以把她写进书里，她同意了。我们坐在一起商讨我会怎么写的那天是她的五十九岁生日。后来她给我寄来一张便条：

致露丝。感谢你把我写进你的书里，这是一份珍贵而绝妙的生日礼物，我会永世珍藏。苏。

我感到想哭。这位漂亮的女士居然因为我写到她而感谢我。难道不应该是我感谢她才对吗？她继续写道：

你应该享受烘焙带来的满足和愉悦。我母亲是个烘焙大师，我曾看过她做填满果酱的压花夹心饼干，还有黄油酥饼。我先生爱吃姜饼，所以我决定给他做一些——他以前不相信我能做得和卖的一样好吃。圣诞时，我们全家人都会收到用满满爱意做成的饼干。露丝觉得它们美味酥脆，看到她一脸开心，这本身就是一件珍贵的礼物。何不再给她多做点呢？

是苏给我的第三家小书店取了"雅居"这个名字。通过这几间小书店，我收获了一位会做最美味的姜饼的挚友。但是，和其他所有名厨一样，她不肯把配方告诉我！

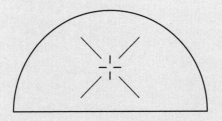

- Chapter 28 -

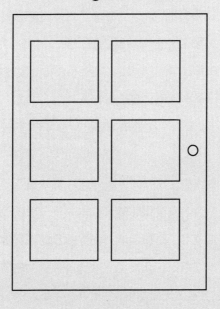

第二十八章

家街

2020 年 2 月 28 日，新西兰通报了第一例新冠病毒感染确诊病例。3 月 19 日那天，全国封锁边境，我的书店也关门了。3 月 25 日，举国上下进入自我隔离状态，国家也宣布全国进入紧急状态。

接下来的一个半月里，我给所有的藏书、书架，甚至现金都消了毒。我和兰斯每周一次驱车 20 公里去蒂阿瑙购入一周生活所需要的物品。

在我经营书店的这几年间，我们这片区域已经发展起来了一个乡村妇女读书会。我尝试每周读几本书——通常是在凌晨 3 点半睡不着时起来读书，这样我就有把握给我的顾客推荐书了。当我偶然发现一本好书时，我会把它带给过来挑书的阿尔瓦、雪莉或萨拉。然后它会被传给凯瑟琳、艾奥娜，接着又被传给玛格丽特、菲，有时还会被传到伊迪丝和住在蒂阿瑙和马纳普里盆地附近的其他女性手里。当一本书传阅一圈回到书店之后，它就会被卖掉，除非我想将之留作我的个人藏书。

2020 年疫情防控期间，每逢出去购物的日子，我都会顺路把消过毒的书分送给我的一些老主顾和随机组成的读书小组成员们，书就放在他们的信箱里或门口。柯克·华莱士·约翰逊（Kirk Wallace Johnson）的《羽毛大盗：美丽、痴迷与本世纪自然历史盗窃案》（*The Feather Thief: Beauty, obsession, and the natural history heist of the century*）、蕾秋·乔伊斯（Rachel Joyce）的《哈罗德·弗莱不可思议的朝圣》（*Unlikely Pilgrimage of Harold Fry*）和瓦妮莎·迪芬堡（Vanessa Diffenbaugh）的《花语》（*The Language of Flowers*）最受欢迎。

5月13日，我们的风险等级降至二级，我在政府的新冠期间商业指导网站上查到指导意见后，（在天气晴好的日子）为主书店开了张。书店太小了，不能让顾客进屋，因此所有的交易都在屋外进行。所有的书都摆在桌子上，每张桌子间隔两米，第一张桌上放着一瓶消毒洗手液、一张登记表和一份通知，要求人们遵守防疫要求——保持社交距离之类的。我让顾客们把他们拿过但不买的书放在一边，给这些书消毒后再把它们放回桌上。

在各种条条框框的束缚下开个小店确实不容易，但隔了这么久之后再见到大家实在是一件美妙的事。

5月的马纳普里开始变冷。屋外书桌的书上开始有了冷凝的小水珠，我得时不时擦干它们。我通常在复活节后就关门过冬了，但2020年与往年不同。鉴于新冠疫情，我想尽可能开得久一些，因为这里就像一个小小的社区中心，大家都畅谈着自己在疫情防控期间是如何应对（或努力应对）的。阅读对他们中的许多人来说非常重要，我的两间小书店成了疫情故事中一个很小但很重要的组成部分。

从那年开始，也许是由于疫情防控，新西兰开起来了很多小书店。在瓦纳卡，珍妮和萨莉开了"下一章"书店，这家书店如今已经颇负盛名，我们还时常互相推荐顾客。人们似乎重新发现了阅读以及生命中有书为伴的价值。我原本以为，9 月解封后重新开张，我的营业额会因疫情而下降。国境线也封着，我仅有的顾客都是新西兰人，他们也不能出国了，只好探索自己的国家，当然，还有我的回头客们。

但神奇的是，那年的生意却比往年都好。我的许多顾客都是从北方来的，许多人从来都没有来过峡湾或斯图尔特岛。他们被这里的美景折服，对这里的旷野和山间景象充满敬畏，然后他们开车驶过我的小小书店。

"我们必须得掉头回来。"

"我们听说过你和你的小书店——一定要过来看看。"

"我在金·希尔的节目里听说过你，所以想来看看，希望你已经开始写书了！"

是的，我开始写书了。我无法拒绝艾伦和昂温书店（Allen & Unwin）的珍妮，是她说服我，说我的书一定能卖得很好。内心深处我还是对此有所怀疑——不过你们已经读到这本书了，谢谢你们!

我开的第三家书店名叫雅居,本来是面向男性读者的,但也有很多女性对农场、拖拉机、捕鱼和狩猎感兴趣。我一直都记挂着女性是我的主要读者,并且也一直希望能吸引男性读者。我的生命中总是能遇到好男人,和个别伤害我给我留下伤疤的男人比起来,好男人远远多得多。很大程度上而言,我的那些伤疤像啃噬着饲料的象鼻虫,产生了令人惊叹的新事物。

在这本书的写作接近尾声时,我和兰斯去看了约书亚的十字架。那棵山毛榉树如今已长到了 20 多米高,约书亚的十字架看上去小小的,安安稳稳地隐蔽在低垂的粗壮树枝下。

我们有朋友相伴,所以在墓园溜达了一圈,兰斯回想起乘直升机猎鹿的岁月,那时候有那么多的年轻人遇难,许多人就躺在这座墓园。墓园新开辟了一块地,竖起了一块大牌子,上面列了每一个安葬在这里的人的名字。牌子的背面是墓地的地图,每座墓都编了号,并与相关的人名对应。我仔细在地图上寻找,就在远离其他所有坟墓的地方,我看到了一个小小的金色方框,里面用大写字母写着约书亚的名字。我看了又看,不愿相信眼前看到的:他终于被墓园登记在册了。

319

"兰斯！兰斯！"我喊道，"快来看——约书亚也在牌子上。"

其他所有的坟墓都有编号，可在另一边勇敢地遗世而独立的，是我的二儿子——约书亚的名字。他的名字在地图上没有重名的，这确凿无疑地证明了对他的记忆长存于此，也证明我们两个共同创造了这个家园，在新西兰这个小而美的地方，在世界的尽头。

在马纳普里，如果想找到两间小小书店，必须先找到家街，这一点一直都让我感到非常开心。找到家可能需要很漫长的时间，但如果你足够幸运，终会到达的。我就是这样的。

爸爸说得对，我的生活从来都不是轻而易举、循规蹈矩的。许多朋友跟我说，不论我说我过去经历过什么样的奇闻逸事，他们都不会感到稀奇。至于兰斯嘛，他逢人就说："和露丝在一起，你的人生永远不会无聊。"

我三十八岁时，我的大儿子安德鲁重新回到了我的生命中。约书亚结束了他的旅程，我也回到了新西兰，回到了和家人相隔不远的地方，并且爱上了一个最好的男人。我的生命没有虚度，每一分每一秒我都活过了。

要说我有伤痕吗？有恐惧吗？我受伤、害怕过许多次。

我后悔吗？不。过往的所有故事共同铸就了今天的我：果断、专注、不好相处、情感深沉、忠贞不二，爱我绝非易事。

我有一个无条件爱着我的姨父。每次我去看他，他都会微笑着说："天哪，你来干什么，露丝？最近在忙什么呢？"

如今兰斯和我的几位密友无条件地接受我。每当他们问我"最近在忙什么？又给谁惹麻烦了？"时，我都知道，不管我怎么回答，他们都会一如既往地爱我。

我一直都相信，到了生命的某个阶段，我的生活会"平稳下来"，我会抛下两个锚*，达到被社会所容的"正常"状态。某种程度上说，我达到了。但即便是在七十五岁这个年纪，我内心依然住着一个反叛者，对此，我感到欣慰。

---

*　一般中型和大型船舶都有两个或两个以上的船锚，可以使船在风浪中保持稳定。——译者注

※ 致谢

感谢记者、作家兼好友迈克·怀特，没有你的鼓励、支持和建议，就没有这本书。在这里说再多感谢的话也无法尽诉我的感激之情。

感谢艾玛·克利夫顿，帮助我的天使。在整本书的写作过程中，你包容着我的泪水、我的疑虑和我的胡言乱语。你总是坚信我有能力讲出我的故事，我们的友谊在一年来频繁的 Zoom 会议中突飞猛进。（就连艾玛的婚礼我都是在 Zoom 上参加的！）

感谢珍妮·海伦，我的出版人，也是我所见过的最积极乐观的人之一。自从我们有了第一次 Skype 通话后，我还怎么能拒绝你呢？你让我脚踏实地，坚持正确的道路，并一路陪伴我前行……这绝非易事。

还要感谢艾伦和昂温书店的一大群伙伴，感谢编辑团队：资深编辑利安娜·麦格雷戈，文字编辑瑞秋·斯科特，还有自由职业校对人员迈克·瓦格和特莎·金。没有你们神奇的编校技能，我的读者们一定会陷入一种完全不知所云的状态！

感谢设计师萨斯基亚·尼科尔和插画师苏菲·沃森，感谢你们精美的装帧设计，特别是封面和环衬。

感谢马雷克，如果你能读到这本书的话。我活下来了，希望你也是。

感谢马特——你知道我说的哪个马特——我衷心希望你已经找到了幸福。

感谢托尼。通过这本书，我们都放下了过去。感谢你的坦诚。

感谢兰斯，我最好的丈夫。你总是一如既往地支持着我。你是我的灵魂伴侣，我最好的朋友。每当我快要误入歧途时，你是那个将我唤醒的理性声音。感谢你的理解和爱。

这本书同样送给我们的儿子们，戴恩和安德鲁，还有我们的孙辈们，伊萨克、莫莉、希娜、利亚姆、斯黛拉和克洛伊，我已为你们讲述了我的故事。感谢我的姐姐吉尔，你与我如此不同，可我们之间的爱是如此珍贵，还有你的两个儿子，哈米什和基尔——我的外甥们，他们会知道他们的姨妈是多么与众不同。

如果没有朋友们接受我本来的样子，我不会有勇气写出这本书。我无法一一列出你们所有人的名字，但我要亲自感谢你们，谢谢你们总是支持我，谢谢你们没有批判我。

在本书的叙述中，为了保护当事人的隐私，我改换了几个人名（还有一些细节）。如果有任何说错的地方，我谨在此致歉，错都在我一个人。

我的父母，霍华德和弗蕾达，照片为 1944 年他们结婚那天所摄。

The Beg Three

霍布迪家的女子：
我（左）与妈妈，
还有姐姐吉尔。

暑假在派勒湾愉快玩耍：我
（左）和吉尔（右），还有我
们的表兄弟，肯和大卫。

我在基督城圣玛丽学校的 1954 届的
全班合影。第一排笑容灿烂的那个就
是我（最右），那时我八岁左右。

1956 年，我（左）、吉尔和妈妈一起庆祝吉尔的二十一岁生日。

我的海军制服影楼照，摄于二十世纪六十年代中期。

在单桅帆船"岛民号"的甲板上，摄于 1971 年。

我们驶向雅加达时，冲上"岛民号"的四个持枪海盗。

在阿米代尔的猪场，公猪鲍里斯、我和合伙人迈克尔沐浴在阳光里。

我和我忠实的狗狗杰里科（杰瑞），以及我养的一只小袋鼠在新南威尔士州阿米代尔，摄于二十世纪七十年代末。

我在 1981 年买的一艘 9 米长的双桅轻便帆船"魔力号"上的生活。

我和杰瑞开着"魔力号"在澳大利亚东海岸航行。

在峡湾旅行公司（现在叫"真实旅程"）的一艘游船上当船长，摄于二十世纪八十年代中期，马纳普里湖。

2011年10月7日，我和兰斯婚礼当天。婚礼由南地区的市长弗拉纳·卡德诺主持。

我儿子安德鲁婴儿时期的一张珍贵小像。我们于二十世纪八十年代末重逢，那时他已经二十多岁了。